あたまの地図帳
YOUR WAY OF THINKING

地図上の発想トレーニング19題　　下東史明＝著　　朝日出版社

Contents

	まえがき		004
1	凝視	その先の一点を見据える。	006
2	立場	普段立たない、新しい視界へ。	020
3	方角	どこにいるか、どこに行くべきかを把握する。	034
4	争点	なぜ争う、を知る。	050
5	宗教	深く知るとは、バックボーンを知ること。	068
6	ルーツ	元々どこから？そしてどこへ？	080
7	ストーリー	物語ることで記憶は強まる。	100
8	2位	全体まで一気に俯瞰する。	112
9	スケール	見かけ通りと見かけ以上。	122
10	距離	実感できれば勝ち。	142

11	経路	道も人生も、どう進むか。	156
12	目印	街の中にも頭の中にも、道しるべがある。	170
13	交差点	交わって生まれるもの。	186
14	探索	手がかりと答えは違う。	198
15	整列	美しく把握する、美しく知る。	208
16	類似	浮き彫りにする。	218
17	差異	似たものだけれど、似てないものから学ぶ。	234
18	志向	井の中から出るために。	244
19	限定	1つに絞って楽しむ。	254
あとがき			264

まえがき

地図・地理と向き合う……

と言われても、なかなかどうしていいのか分からない。それは地図や地理が一見、とても「寡黙」だからです。こちらに熱を持って語りかけてくるものでもなければ、見た目がそもそも派手で僕たちをひきつけるような存在でもない。無味乾燥なものに感じてしまいがち。

地図・地理をテーマにした本を書こうとしたとき、僕は当初、困り果ててしまいました。

何しろ見ているだけでは何も語ってくれないのです。最初は地図や地理にまつわる蘊蓄（へぇ〜）や、変わった地図などにスポットライトを当てればいいのではないか、他にも例えば、東京で芸能人がフライデーされた場所を地図にすれば面白いのではないか、などと考えていました。

しかし、それでは、全く地図・地理と向き合っているとは言えないことに、しばらく経ってから気づかされました。

そこで僕は、ただただ、いろんな地図や地理をじっとじっと見て、何か浮かんでこないか考えることにしたのです。最初はやはり何も出てきません。見慣れた地図・地理を目の前にしても、なじみのない地図・地理を広げても、特に何も感じないし何も得られない。知っている知識はすでに知っているし、知らないことは知らないまま。

けれど、地図と向き合うと決めた以上、何かをこちらに語りかけてくれるまで、ただただじっと見よう、感じようと決めたので、毎日、地図・地理をじっと見ていました。見続けることにしたのです。鳴か

ぬなら鳴くまで待とうとはよく言ったもの。

　すると、2週目に入ったあたりから、次第に僕の頭の中で、何ごとか動く気配がする。思ってもみなかった「思考法」が出現したり、ぼんやり無意識の中で使用していた「思考法」が整理され始めたのです。頭の中を快適に歩いている感覚に襲われたのです。ここで「思考法」とは、「目に入っているのに見えていない」ことに気づく、と言い換えられます。

　しかも、地図・地理たちから得られた「思考法」を、地図・地理以外に当てはめて、様々な思考実験を仕掛け、それを飽きずに繰り返すと、「思考法」「新しいものの見方」が斬新な武器とでも言いますか、活発に活動し始めたのです。それがめきめき身についていく。教訓ともまた違った、まさに武器・道具と呼びたくなるような印象です。

　僕がどんな思考法と出会い、どんな思考実験を行ったか、どんな「見方の刷新」が生じたのか、その軌跡がこの本のすべてです。軌跡を一緒になぞってもらうことで、今まさにこれを読んでいる皆さんの頭の中にも、僕が獲得したような「思考法」「見えないものが見えてくる道具・武器」が必ずやインストールされると信じています。

　本書に出てくる思考実験がすべて、ではありません。おそらく各人各様のツールが胎動を始めるものと信じます。それこそ、自分の頭の中を以前より少し快適に歩くことなのです。

1 凝視

その先の一点を見据える。

地図・地理と向き合おうと決めた際、まず最初に僕が始めたのは見慣れた地図や地理をただただ長時間じっと見続けることでした。

最初は何の発見もありません。いつものせっかちな僕であれば、すぐに見続けることを投げ出してしまいますが、そうはいきません。何か、何でもいいから収穫が欲しい。諦めるのを諦めて見続けることにしたのです。

しばらくすると、1つの地図からやっと発見が得られました。

1.1 見続けるだけで発見があった

図Aは大阪市内の地図です。はじめは、「ああ、大阪だ」「大阪城らしいのが見える」としか思っていませんでしたが、次第にあることに気づき始めました。

皆さんも、僕と同じように10秒、15秒と、この何でもない市街図を「凝視」――文字通り、目を「凝らして」「視る」――してみてください。視点を集中させる場所も徐々に移しながら…。

「橋」と名のつく地名が多くありませんか？

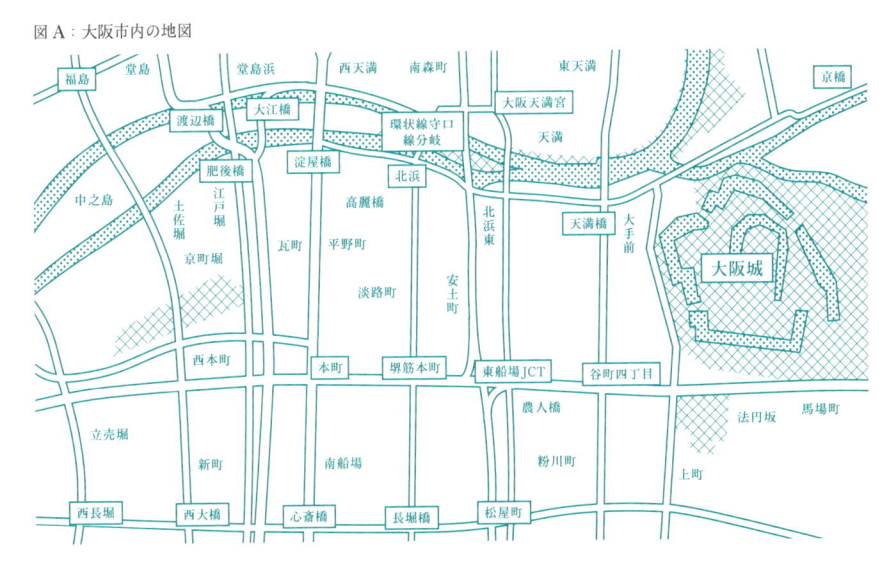

図A：大阪市内の地図

淀屋橋、心斎橋、肥後橋…。

同じく「島」も多い。中之島、堂島、福島…。

「堀」も多いですね。西長堀、土佐堀、江戸堀…。

僕は関西出身なのでどの地名も馴染み深いものですが、こんなにも多いとは以前は気づきませんでした。なぜ、大阪市内にこのような地名が多いかと言えば、大阪が「東洋のベニス」と（以前は）言われていたように、運河が張り巡らされながら発展し、それに伴い橋も多くかけられたことに由来しています。「東洋のベニス」と呼ばれていたことは知っていましたが、地図を「凝視」するまで、こんなことを思い出すことなんてありませんでした。「ぼんやり」知っていたけれど、「凝視」することで「はっきり」した存在に姿を変えてくれたのです。

1.2 「凝視」という思考法の発見へ

僕は思いました。「凝視」とは、もしかしたら地図・地理と向き合う上で大きな武器になるのかもしれない、と。

市街図を先ほど「凝視」された皆さんの中には、僕と違った発見をされた方もいるでしょう。とにかく、「凝視」前と「凝視」後では同じ地図を見ただけなのに、印象が違ってきます。ただ地名が並び、印刷されていただけだったはずの地図が、「凝視」という武器を使うことで立体的な意味を帯びてくる。場合によっては地理的特性や歴史的由来にまで思いを馳せることができるようになった。

まさに「向き合う」ことと「凝視」とは、ほぼイコールと言えるのかもしれません。

よく道に迷ったときなど、地図を取り出したり、近くの案内板を見たりしますが、このとき、僕たちは「凝視」を忘れて、目が泳いだ状態になってしまいがち。

これは実は、地図や案内板と「向き合えて」いなかったからだと

僕は考えました。とにかく何か手がかりがほしいから焦ってしまう。情報や発見がその場で得られないと、すぐに慌てて、手にしている地図や目の前の案内板を捨て去ってしまう。

これから道に迷ったときは、僕は「凝視」してみようと思います。5秒、10秒…と。そうすると、今まで見落としがちだった発見、例えば似たようなビルの名前を混同していたことが自覚できたり、通りを1本間違えていたことなどが分かってくるのではないか。だとすると「凝視」には自分を落ち着かせてくれる働きもあるのではないか。

「凝視」という思考法の一端に触れた気がした僕は、毛色の違う地図を題材に、早速、実験することにしました。

1.3 実験

図Bはそれぞれ震度6強以上、6弱以上の地震を予測した日本

図B：地震動予測地図

今後30年間に震度6弱以上の
地震が来る確率

今後30年間に震度6強以上の
地震が来る確率

地図です。2つを照らし合わせながら「凝視」を行い、「凝視」前と「凝視」後で、どれだけ発見に違いがあるかを考えてみることにしました。

　震災があったせいかもしれません。とにかく怖いし、おどろおどろしいですが、この地図は、大阪の市街図よりもさらに、「凝視」時間に比例して発見が増えていきました。

　まず、震度6強以上の予測地図から「凝視」。

　北海道や信州などが意外と危ないことに気づいたのが第一の発見でした。雄大な大自然で、どこかアメリカのようにも思える北海道や、海のない「内陸」ということで安全と思いがちな信州がこんなにも…と。

　また、すでによく言われているので意外でもない東海地方ですが、関東よりもはるかに危ない地域であることにも気づきました。

　次に震度6弱以上の予測地図へ。

　6強の地図と比べると、各地域に目が向く前に、そもそも日本列島全体が危険であることに慄然とさせられます。もう、どこもかしこも危ない！といった地図ですが、これも「凝視」していくことで色んな発見がありました。

　四国の中でも太平洋側が特に危ないことや、6弱以上の予測になった途端、種子島や沖縄もかなり危ないことが発見でした。種子島や沖縄といった南国は、どこか地震と縁遠く感じてしまう「陽気」なイメージがありますが、実際は違っているのです。

　地震というと3.11のような津波を連想したり、1923年の関東大震災や1995年の阪神淡路大震災を思い起こして、内陸にも地震の危険が多いことを忘れてしまいそうになりますが、しかし、よく思い出せば、2008年には岩手宮城内陸地震が起きています。

　「凝視」は新しい発見とともに、実は知っていたのに忘れてしまっていたことまで浮かび上がらせてくれた、そのことに僕は気づきました。

1.3.1 地図・地理以外で「凝視」を試す

地図・地理で得られた「凝視」という思考法を、地図・地理以外にも使ってみるとどうなるか。

僕は歴史（中でも日本史）が好きなので、手元にあった高校時代の資料集をパラパラめくりました。図Cの有名な「豊臣秀吉」を「凝視」してみることにしました。見慣れたものの方が発見が

図C：豊臣秀吉・肖像画

あるとうれしいので、たまたま目についた、みんな知っている肖像画を「凝視」することにしました。皆さんも是非「凝視」してみてください。

相変わらず「猿顔」だな、としか感じませんでしたが、「凝視」していると、すぐに奇妙な発見がありました。

あるものが異常に小さい。全体のバランスと照らしても、奇妙。

そのあるものとは、指です。指がどうもおかしい。カラダのサイズと比べても、どうも不自然です。早速色んな資料や百科事典を調べてみると、秀吉は指にコンプレックスがあったのではないか、と出てきました。

ルイス・フロイスや前田利家が遺した文章によれば、多指症の疑いがある。それをなるべく気づかせないため、あえて、手そのものを小さく描かせたのではないか、との説がありました。

「凝視」しないと、いつもの太閤さん、に過ぎませんが、「凝視」を使ってみることで、思わぬ発見がこの絵にあったのです。

秀吉以外にも何かないものか、と思いパラパラまた資料集をめく

り、今度はドガの「エトワール」を「凝視」することにしました。これは短い時間の「凝視」ですぐに発見がありました。皆さんも図Dを「凝視」してみてください。

そうです。奥にいる、顔の見えない男（恐らくパトロン）の存在です。奥から男がこちら（踊り子）を見ていますね。「凝視」を使わないと、さらっと見逃してしまうところでした。

この2つの実験から「凝視」は地図・地理以外にも有効であることが分かりましたが（少し話が脱線）、絵は「凝視」すればするほど、色んな存在やモチーフ、連想を見つけられると感じます。そう言えば、一見、やさしそうな何でもない絵画の中に、思わぬ怖さが潜んでいたり…。

図D：ドガ「エトワール」

そう言えば、と言ったのは、『怖い絵』シリーズ（朝日出版社）などを読むと、まさに名画に潜む恐怖を知ることができることを思い出したからです。この『怖い絵』シリーズは、普段「凝視」を僕たちが忘れている、「凝視」なんてなかなかしないが故に、絵画の中の「目に入っているのに見ていないもの」を見過ごしていること、そのことに着目して書かれたに違いない、と僕は思います。

1.3.2 実験を通じて得られた「凝視」の落とし穴

これまでにいくつか「凝視」を試みてきて、皆さんの中には、「自分は全く違う発見をしているよ」という声を思わず発した方がいらっしゃるのではないでしょうか。

2つの地震予測地図を「凝視」しても、「安全な地域に目が向く」

「このあたりは意外と安全じゃないか」「うれしい発見かもしれない」という方々がいらっしゃるのではないでしょうか。

なぜ、そう気づいたかといえば、先ほどの地震マップを日を置いてから「凝視」した際に、僕も同様の、少し幸せな発見があったからです。

そして僕は思いました。この違いこそ、実は「凝視」という思考法が持つ、ある弱点を示しているのではないか。「凝視」を使うと「アラ」を探す傾向に陥りがちになってしまうのではないか、と。

実際、岡山県の北方、恐らくは新見市周辺は地震の危険性が低い、比較的に安全な場所なんだ、という発見をした方もいらっしゃったでしょうが、あくまで少数派だと思います。大多数の方はやはり、一番最初の僕の「凝視」時と同じように、意外にも地震の危険性が高い地域を発見されていったはず。

似たことは、地図に限らず例えば人の顔を「凝視」する場合にもあてはまります。人の顔を「凝視」すると、「最近、この人、シワが増えたなあ」「ちょっと疲れが顔のあちこちに浮いているなあ」というように、欠点ばかりを「凝視」から導いてしまう。

普段よりもさらに新鮮な発見・発想をしたい場合には、「凝視」を使いながらも、「アラ」や「欠点」のようなネガティブな部分だけでなく、ポジティブな部分にも意識を向けないといけない。

「凝視」の落とし穴に気づいたので、今度は「落とし穴」に気をつけながら「凝視」を使ってみることにします。

1.4 ポジティブ・ネガティブ・その判断

僕がちょうど星空をテーマにした広告の仕事をしていたとき、資料として手元にあった地球の夜景図を「凝視」することにしてみました。図Eはご覧のように、いわゆる夜景です。もっとも、地球全体がこのように一斉に暗くなることはありません（時差がありま

すから)。

　早速、1.3「実験」で学んだ「落とし穴」を回避すべく、「ポジティブな部分の意識」を起動してみることにします。

　闇と光の対比では、一般に光を美しいと感じるので、ポジティブな部分＝光という前提に立ってみます。

　キラキラと輝く光、その中でも光が凝集された地域を「凝視」していると、いわゆる先進国が異様に多いことに気づきます。

図 E：地球の夜景

当然といえば当然のこと、人工照明が夜通し周囲を照らす光景は、私たち「文明国日本」に住まう者たちには親しいものです。けれど、これもまた「落とし穴」であることに皆さんは気づかれたでしょうか。

　そもそも、この光の部分とは本当にポジティブな部分と呼んでいいものなのでしょうか？

　そもそも、文明を光の比喩で理解する思考法は、いつから流通し

ているものなのでしょうか？

　すぐお分かりの方もいらっしゃるかもしれませんが、それはフランス革命に先立つ 18 世紀、ルソーやヴォルテール、ディドロ、ダランベールたち「百科全書派」が活躍した「啓蒙の時代」です。理性というものを最高の権威として考え、理性で世界は読み解ける、世界は支配できると考えた時代でもあります（実際、フランス語では「啓蒙」を光の複数形 lumières と表現します）。しかし、啓蒙の世紀はその直後に勃発するフランス革命の渦中、独裁制と恐怖政治へと転落していきます。光＝啓蒙＝理性とする時代はすぐに過ぎ去ってしまったのです。20 世紀に入ると、ナチズムは光を国家イベントや党大会で人を扇動する手段として使った。理性や啓蒙と対極に位置する蛮行をも、光は演出してしまうことになりました。

　（少し話が逸れましたが）とすると、つまり、光＝ポジティブな部分ではなく、逆に真っ暗な部分こそポジティブな部分だ、と考えることも可能でしょう。真っ暗な部分は人間には手付かずの大自然が残されている地域だ、という具合に…。

　何をもってポジティブな部分と考えるかはさておき、「凝視」から得られた発見が、実はこの地図にはとても多いのです。

　光は当然ながら先進国に多い。でも、先進国と呼ばれている国以外でも、かなりの地域が明るく光っていることが発見できます。経済成長著しい中国やインドはもちろんのこと、南アフリカもかなり明るく、中東も明るい部分が多い。ただ、中東でもサウジアラビアの砂漠は暗いままとなっています（これは当然ですね）。

　さらに丹念に「凝視」を続けていくと、東アジアにぽっかりと空いた、暗い地域の存在を発見できます。北朝鮮です。電力不足のニュースなどと、この地図がつながったりします。

　図 E を見ていて、僕はふと、訪れたことのある都市や地域がどれくらいあったかを考えてしまいました。皆さんも少し考えてみてください（地図 E をもう一度、ご覧ください）。そして、その都市や地域を「凝視」してみると…。いつもより長く、じっと、じっと…。

皆さんにはどんな思いが湧いてきましたか？

おそらく、人それぞれに「あっ…」と思うところがあったのではないでしょうか。ある人は、その都市や地域の夜景の思い出だったり、ある人は、そこから帰国するときに空港から見えた星座だったり、ある人は、その星座が何座でどんな形をしていたか忘れて首をかしげた記憶だったり…。僕にも様々な思いが去来しました。

1.5 「凝視」の先にあるもの

「凝視」という視角・着眼をここまで長く使ってきました。「凝視」は僕たちに発見をもたらす効用があるだけでなく、実は僕たち自身を思考の中心に引きずりだしてくれる思考法だと思うのです。

地図・地理の中で、自分が行った都市や地域を「凝視」しているうちに、自分だけのパーソナルな感情が湧きあがってきたり、思い出が蘇ってきたりしたように。

別に自分と向き合っている訳ではないのに、いつのまにか自分を「凝視」してしまっていたように。

これは地図・地理でなくても、日常の様々な場面で同じことが起こっているように思います。電車内で前に座っている人を「凝視」していると、その人の顔の筋肉の動きから、昨日一緒にいた同僚の表情が突然思い出され、その直前に自分が何となしに放った一言の意味について考えさせられ、さらにそういう物言いをした自分の頭のめぐらし方に思いを馳せ…、というように。

自分探し（僕はこの言葉は嫌いですが）をするには、あえて自分と関係のあるものを「凝視」することで、自分の中へと自然に深く分け入っていけます（電車の中の見知らぬ人を対象とした場合のように、自分と無関係なものも対象とすることはできますが）。

「凝視」する対象は、はっきり言えば何でも構わないのかもしれません。

ただやはり日常生活の中では応用・実践するのが難しい思考法ではあります。「凝視」している最中に電話が鳴ったり、人に話しかけられたり、電車がやってきたり…。「凝視」するには「凝視」するぞ！と決意しないことには、なかなかできません。人間の脳は高機能、多機能だと言われていますが、その機能を活かすにはパソコンと同じで、「取り込む」時間が必要です。「凝視」はまさに情報を取り込む作業。「凝視」は一点を「長く」見据えることに始まり、その「長さ」に比例して、「凝視」している対象の情報を取り込める訳ですから。取り込むからこそ、「凝視」している対象の本質が掴める仕組みなのでしょう。

1.5.1 「凝視」から「正体」を

　「凝視」を使うことで浮かび上がってくる発見とは、一体、何だったのでしょうか。共通点は何でしょうか。今まで僕が「凝視」してきたものを振り返ると、大阪の市街図にしても、地震MAPにしても、世界の夜景にしても、秀吉にしろ、ドガの絵にしろ何にしろ、「凝視」を使った結果、見えてきたもの、分かってきたものとは…。

　僕が思うに、それはいずれも「正体」です。

　少し見ただけでは全く見えてこないけれど、「凝視」を使うことで、それぞれの「正体」があぶり出された、と。ただ「正体」と言ってしまうとやや安易かもしれません。漠然としている。そこで、この「正体」を少し突き詰めると、僕たちが普段接しているもののほとんどは、「正体」を現していないことに気づきます。

　タレントであれ、携帯電話であれ、今の社会が生産しているものは、大体が「正体」を示さないまま存在しています。ゴロン、とその「身体」「裸体」をさらけ出しているヒト・モノはずいぶん少な

なりました(例えば野菜だって、最近は遺伝子組み換えがあったり)。

けれど、「凝視」という思考法を知った今は、なるべく「凝視」を使って「正体」を掴んでみたいと思うようになりました。これは何も正義の味方のように、世界や社会にひそむ悪を暴く、といったものではありません。

例えば、セレクトショップというものがここ数年、街には溢れだしました。僕もよく行きます。このセレクトショップとは何か、を「よく考えよう」とすれば、セレクトショップを「凝視」しないといけません。するとセレクトショップの奥に存在している、「店とは一体何か?」、つまりセレクトショップの「正体」に思い至ります。その「正体」とは、ひとことで言えば、「公開されたクローゼット」です。

また例えば、携帯電話を「よく考えよう」として、携帯電話を「凝視」する。すると、携帯電話の奥に存在している「離れた人と人が話すとは何か」という正体を掴むキッカケを手にすることができます。遠隔通話とは「声で会う」ことではないでしょうか。

セレクトショップを考えるにしても、単にセレクトショップを因数分解したり、海外の例と比較したり、未来のセレクトショップを予想するのではなく。ただ携帯電話の時系列的な進化をなぞったり、未来の携帯電話の姿を想像したり、ビジネスモデルを考えるのではなく。人間の原始的な欲求・行動のありかに思いを馳せ、そこから「人間とモノ」の関係を考えてみる。

あらゆるものの表面を「見た」「眺めた」で止まることなく、「凝視」をいつでも機会があれば利用してみる。

こんな思考法を教えてくれた地図・地理は、もしかしたら、声なき宝の山かもしれない。そんな予感にとらえられながら、僕はやっと地図・地理と向き合う糸口を見いだしたのです。

2 立場

普段立たない、新しい視界へ。

何かと向き合わないといけないとき、まずはその対象を「凝視」すれば、多くの発見や、目に入っていたのに見えていなかったことに気づくことが分かりました。

　それに気づいてひと安心していた僕ですが、「凝視」という思考法に出会いながら、僕はやはり「凝視」の合間に地図をくるくる回転させたり、逆さにしたりして、何か発見はないものか、そんな少し子どもじみた行動をとっていました。小さい子どもがぬいぐるみを逆立ちさせたり、下から仰ぎ見るように。

　すると「凝視」と違った発見が地図・地理にはあったのです。

　この思考法を僕は「立場」と名づけることにしました。

2.1 「立場」という思考法との出会い

　僕がくるくる回してみた地図は、普通のありきたりの世界地図です。図Aのように回転させて見ていたときのことです。僕はとても新鮮な気分になりました。いつもとまったく違う視界が開けてくる。この経験を雄弁に語った内田樹さんの文章があります（「天才バガボンド」）。(http://blog.tatsuru.com/2008/06/30_1113.php)

　ここで内田さんは、網野善彦著『「日本」とは何か』に大きな刺戟を受け、触発され、引用しながら、「あっ！」という驚きと発見を論

図A：ユーラシア大陸から見た日本

じています。以下、要約しながらご紹介します。

まず、サハリンとユーラシア大陸が歩いて渡れそうに感じるほどの距離であること（僕たちがいつも目にしている日本地図ではサハリンが載っていないことが多いため、意外な感じがするのでしょう）。

さらに、日本海が外海ではなく、まるで湖のように見えること。

沖縄をはじめとする南西諸島が架け橋のように見えること（僕の印象では、点在する島々が、東南アジアの地図を見たときの印象に近い）。

日本列島がアジアの最果てにある「回廊」のように見えること。

日本は「孤立した」島国なんかでは決してないということ（今までは、本当に世界の東の東にぽっかり、というイメージを抱いていました）。

この内田さんの発見、それをもたらした視角からさらに考えを膨らませてみます。日本列島には古くより様々な文化が流れ込んできていることは、皆さんもご存知でしょう。日本列島は「回廊」であるが故に、文化の「たまり場」になったのではないか（実際、日本ほど他国文化の受容に積極的な国もありません）。今はその「たまり場」でグツグツと煮立った文化が、逆にユーラシア大陸をはじめとする世界中に逆流していってるのではないか。19世紀、最果ての地・日本で花開いた浮世絵が、おみやげの包み紙として西洋に持ち帰られ、ヨーロッパの画家に影響を与えたり、シルクロードを通じて伝わった「麺」が戦後、インスタントラーメンとして、世界へ広がった例などが思い浮かびます。

普段見慣れた地図からは発見できなかった日本の姿、地理的・歴史的な文脈の中に置かれた日本の姿が、浮かび上がってきます。新たな場に「立って」みることで新たな発見が得られる。僕はこの思考法を「立場」と名づけることにしたのです。

内田樹さんはさらに、「ふと思い立って、「カナダを中心とした正距方位図」を見てみることにする」のです。同じく、僕の要約でご紹介します（図B）。

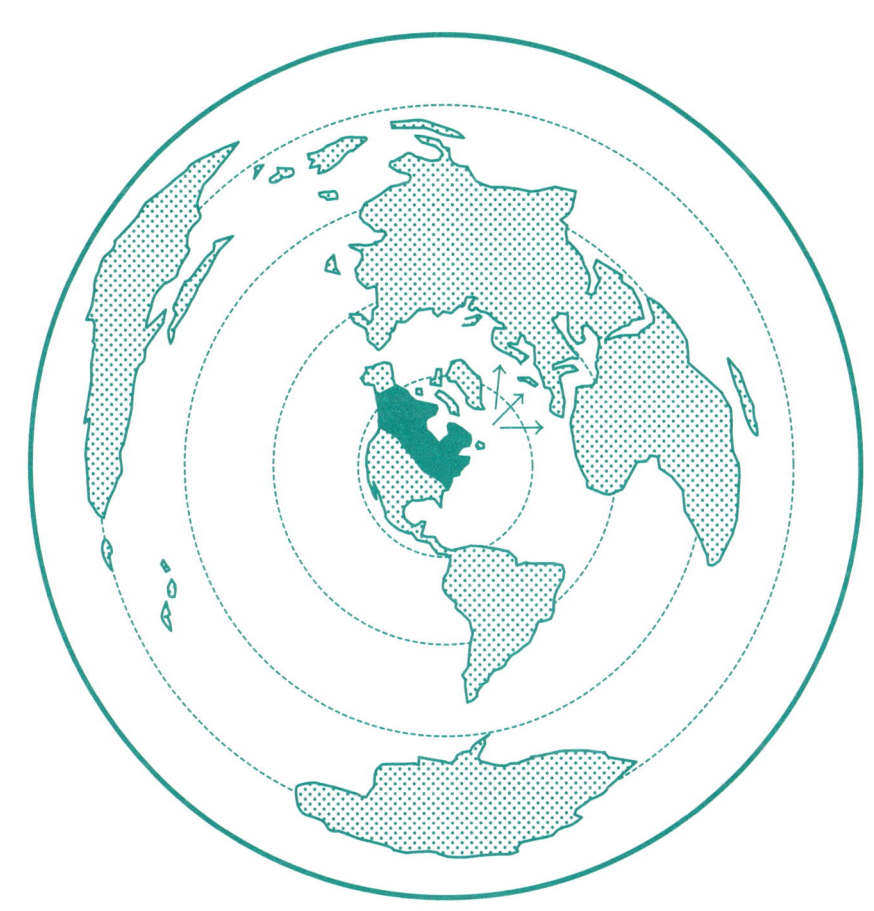

図B：カナダを中心とした世界地図

　カナダはアメリカのオマケと考えられがちだが、そんなことはない（僕は以前までオマケと思っていました）。カナダの「立場」から世界を見ると、イギリスは目と鼻の先に位置している。グリーンランドから島伝いに進むとノルウェーもすぐそこ。カナダはまるでヨーロッパと地続きで、アメリカはむしろ、カナダを経由しないとヨーロッパとつながっていないような印象を受ける。カナダはアメリカのオマケなんかではなく、アメリカこそカナダの南に位置するオ

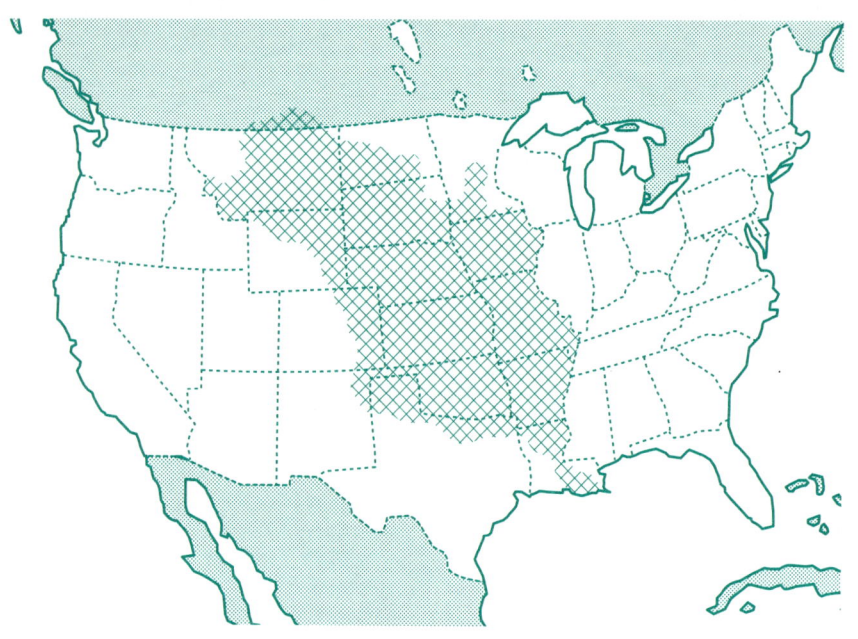

図C：ナポレオン売却時（1803年）のフランス領ルイジアナ

マケのように見える。さらにこの新鮮な発見は、歴史に詳しい方なら納得のいくところ。16世紀の大航海時代、ヨーロッパからフランス人がカナダへ到達し、カナダにフランス植民地がつくられ、さらにその植民地が北米全域へと広がっていったことによる（図Cの地域がフランス領ルイジアナと呼ばれるのはフランス王ルイ14世に由来しています）。北米開拓の出発地としてカナダがあり、アメリカは結果、偶然に出来上がった新国家と捉えられる（余談として、ナポレオンがこのルイジアナという広大な領土を、二束三文で売り払ったことについても触れてありました。アイオワ、アーカンソー、オクラホマ、カンザス、コロラド、サウスダコタ、テキサス、ニューメキシコ、ネブラスカ、ノースダコタ、ミズーリ、ミネソタ、モンタナ、ルイジアナ、ワイオミングの15州にまたがる地域がそれ。図Cをご覧ください。本当に広大です）。

　思った以上に近い、という発見に加え、内田さんは歴史上のカナ

ダの成り立ちにまで思いを馳せている。これが「立場」という思考法の効果だと思います。

ここでそういえば、とばかりに思い出したのが、オーストラリアで見る世界地図のことです。そう、南北が逆になっている（少し）有名な世界地図です（図D）。あの地図を見たときに感じる新鮮さも、新しい「立場」から世界を見ることができることに起因するものです。

さらに、ただ逆転している事実を知るだけでなく、なぜ逆になっているのかを考えてみます。

理由はシンプル。オーストラリアに住んでいる人にとっては、まずオーストラリアの「立場」に立たないと世界を見ることが始まらないからです。私たち日本（北半球）に住む者にとっては逆転していると感じますが、オーストラリアの人にとっては単に自分たちが見やすい、分かりやすい「立場」に立っているだけなのです。

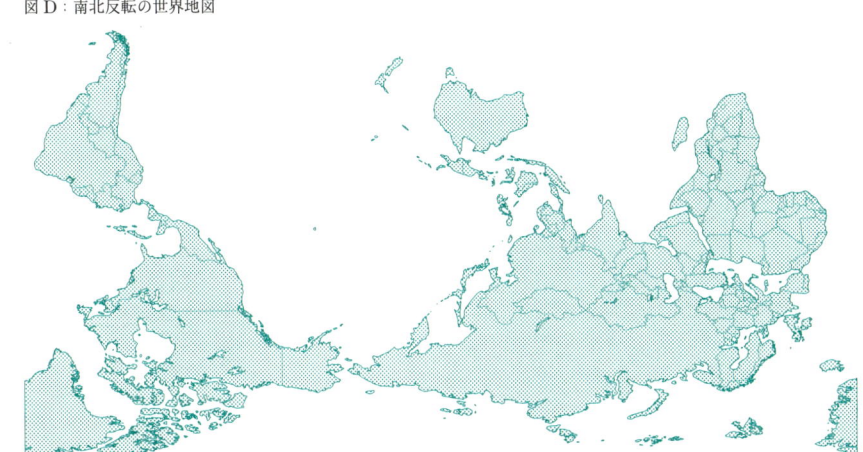

図D：南北反転の世界地図

2.2 「立場」を駆使するには

　くるくる地図を回すだけで、簡単に誰でも使える「立場」という思考法。安易にくるくる回すのではなく、強引に新しい視点に立つこともできるのでした。そこで僕は、時計回りに90°傾けた日本地図と、反時計回りに90°傾けた日本地図をくっつけてみることにしました。それが図Eの一見、奇妙な日本地図です。奇妙さは新鮮さにも近いので、また新しい発見が得られるのではないか、とその地図を「凝視」してみました。

　まさに九州の「立場」から見た西日本と、近畿の「立場」から見た西日本が合体しています。ここで最初に目にとまったのが隠岐の位置関係です。どこか離れて「浮いて」見えます。本州に遠すぎず近すぎない、絶妙な場所に位置しています。

　普段接している日本地図（横たわった形の）だと、隠岐は省略されていたり載ってなかったりする場合もあるのですが、この地図で

図E：日本列島を横にして見た図

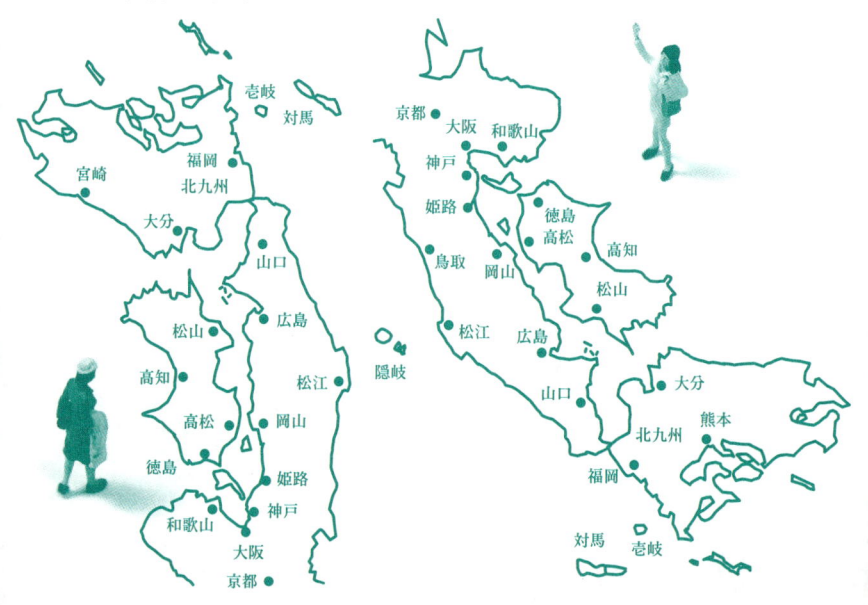

「なるほど、隠岐ってこんな位置にあるのか…」と感じることができきました。

隠岐と言えば、歴史的には流刑(るけい)の島として知られています。「浮いた」位置にあるため、当時の「世界」の外に放逐(ほうちく)する、つまり島流しするには格好の場所だったのでしょう。

承久の乱で敗れた後鳥羽院が流された場所としても、また、倒幕運動が鎌倉幕府に露見したため、後醍醐天皇が流された場所としても知られています。余談ですが、前者は隠岐で一生を終え、後者は脱出し倒幕を成功させました。この2人の差は個人的なバイタリティの違いではないかと僕は考えていますが、そうした個人的な力量・資質に左右されるくらいの地理的な位置に隠岐がある、この地図からはそう感じられます。

皆さんでしたら、脱出しますか？ それとも後鳥羽院のように和歌の才能があれば、居ついてしまいますか？ それとも、もう少し京都に近ければ…と迷いますか？ いかがでしょうか。

京都に近ければ、と想像してしまうのも、近畿を「立場」にした地図を手にしたからこそ出てくる想像だったのかもしれません。

さて、隠岐以外にもう1つ目が引きよせられる島があります。対馬です。

これも一般の日本地図が提供する「立場」だと分かりにくいですが（端の方にあったりして見落としがち）、図E（特に九州中心の「立場」）だと、大きく対馬の存在が浮かび上がってきます。元寇(げんこう)の際、モンゴル軍の最初の攻撃目標になった事実も、とてもうなずけます。かの大帝国の「立場」からすれば、橋頭堡(きょうとうほ)と呼ぶべき場所に位置していることが分かります（図Aもご参照下さい）。

「立場」という単語を聞くと、子どもの頃、色んな人の「立場」に立って物事を考えましょう、と教えられたことを思い出します。けれど、それを常に心がけて暮らすのは非常に難しい。色んな「立場」を想像することが、そもそも面倒だからです。別に色んな「立場」に立たなくても特別に困ることもないからです。地図・地理で

2.2

も同様で、日本にずっといると、日本以外の「立場」から日本を見なくても不都合なく暮らせます。ですが、2.1からも学んだように、日本地図と言われて、いつもの横たわった日本地図を想起するのではなく、ユーラシア大陸から見た日本地図を想起すると、色んな発見があるのです。各人の工夫によって、強引に新しい視点を作り出すことで、さらに多くの発見が待っています。

地図・地理が気づかせてくれた「立場」という思考法を、今度は地図・地理以外に使うとどうなるか考えることにしました。次からは実験に入ります。僕は1つのある疑問に出会ったのです。

2.2.1 立つ場所を選ばないといけない

普段立っている場所に立ち続けていると新鮮な発見は得られない。当たり前のことです。では、どうすれば普段立たない「立場」に立てるのか。

地図・地理で言えば、日本以外の場所だったり、自分の現住所・現在地以外が普段立たない「立場」となります。世界や日本を日本の「立場」だけから見ない、自分の今住んでいる場所・なじみの場所だけから他を見ない、自分の今立っている地点だけから地図を見ない、ということになります。

けれど、僕はここで1つの壁にぶつかりました。普段立たない場に立つことが「立場」という視点を獲得し、駆使する上で大切なのは分かった。けれど、よく考えれば、普段立っていない場所なんて無数にあるじゃないか。その中から一体、どれを選べばいいのか。非常に戸惑ってしまう。選ぶ際の法則はないものか、と僕は少し悩みました。

悩んだ結果分かったことは、意外にシンプルなものです。思ってもみなかった場に立つようにすればいいのではないか。意表をつく

ような場所から日本や現在地を思い起こしてみたり、突拍子もない場所から俯瞰してみたり…。アメリカ合衆国の「立場」から世界や日本、ヨーロッパを見ることは比較的容易ですね。2.1のカナダの例からも分かるように、カナダは日本人の僕たちにとっては少し忘れがちな「立場」でした。だからこそ、新鮮な発見があったのかもしれません。

そんな経験もふまえて、地図・地理以外で普段立たない場をあえて設定し、どんな思考実験が行えるのか、僕の頭の中に浮かんだいくつかをご紹介したいと思います。頭の体操にもなりそうですし、発見も得られそうな実験だと思います。

> 例　三島由紀夫の「立場」に立って、村上春樹の本を読んでみよう
> 　　松下幸之助の「立場」から、カネボウの化粧品を買ってみよう
> 　　野良犬の「立場」から、東京23区を観察してみよう
> 　　暴力団の「立場」から、ウイスキーを開発してみよう

思考実験ですから、立つことさえ難しい場所もあります。でも、あれやこれや想像をめぐらせば、どんどんハマっていきそうではないでしょうか。三島由紀夫の「立場」から「ノルウェイの森」を読むと「これは俺の大嫌いな太宰治と似ているな」と思うかもしれないと、想像しました（完全に個人的な見解ですが）。性別・国籍・時代・階級・趣味、その他なんでも、とにかく自分の現在の立場から離れてみればよいのです。あるいはパラレルワールドのように、わずかに現在と食い違う環境を思い描くこともできます。

この実験は、地図・地理の場合で2.2冒頭の「強引に」場を生み出すことと似ています。では、2.1のように、地図・地理をくるくる回すレベルの簡単な作業で、地図・地理の場合と同様、日常において普段立たない場に立つ方法はないでしょうか。

僕が行き着いたのは、月並みかもしれませんが、読書でした。本を読むだけで、自分以外の人が立っている場所に自分も立つことが

でき、著者が切り開いた新しい視界を味わうことができます。中でも古典文学は最も有効ではないでしょうか。なぜかと言えば、古典文学は、場所も違う・私とも違う・時代も違うから。自分のこの世界・この場所と何ら共通性のない場に立って書かれているからです。例えば、「車輪の下」や「阿 Q 正伝」「源氏物語」。たまたま僕が適当に思いついたものですが、どの話も作者や登場人物の立っている場所は、僕も含めた現代日本を生きる人々の環境・条件と全く異なっている。けれど古典文学がさらに興味深いのは、世界観も国籍も時代も感受性も、まるで自分と異なる場から書かれたものなのに、それでもどこか共感できたり感動できるところ。「立場」を超えた共感や感動、「時代を超えた理解」などの要素が生み出されるのです。ホメロスは、ドストエフスキーの小説の酔っぱらいは、雨夜の品定めに興じる若い貴族たちは、なぜ現代に生きる僕たちを魅了するのでしょうか。

2.2.2 本当に自分が立ちそうもない場とは

立つ場所をなるべく遠いところだったり、ユニークな場所に設定することが、「立場」をもとにした思考実験には有益です。本当にとことん、自分が立ちそうもない場所、最果ての場所はどこなのか、ここまで来たら突き詰めたくなります。

「自分が立ちそうもない場」という語を声に出して読んでいると、僕は「立ちそうもない」という文節で声に力が入る自分に気づきました。何度も声に出すとその部分だけ強調してしまいます。なぜなのか。

さらに「立ちそうもない」だけを復唱していると「立ちたくない」と言っているような気分になってしまいました。

ここでハッと気づきました。「立ちそうもない」は「立ちたくない」ということ。最も自分が立ちたくない場所は、そこに立つことさえ考えたくないような場所、つまり自分が最も毛嫌いしているよ

うな「立場」なのです。これこそ、実は普段自分がついに立ちそうもない場所なのではないでしょうか。こう考えると、確かに、僕は嫌いなヒト・モノ・コトの「立場」に立って物事を見る・考える行為を無意識に避けています。

自分の嫌いなヒト・モノ・コトを具体的に考え、それらの「立場」に立つと色んな発見があります。例を挙げたいところですが、偏見に満ちた話になってしまうので控えます。発見はあるものの、気分はあまりよくありません。けれど、それを補って余りある発見や、同時になぜ自分がそれらのヒト・モノ・コトが嫌いなのかも次第に自覚できるようになりました。

ご自身の嫌いなヒト・モノ・コトを具体的に思い浮かべ、それらの「立場」から色んなものを見たり考えたりしてみてください。僕と似た感覚を覚えると思います。

2.2.3 「立場」を使って自分自身を眺める

「立場」という思考法の本質である「いつもの自分から離れた視野を手に入れる」が、僕の頭の中で身につき始めました（頭につき始めた、と言った方がいいのでしょうか）。あえて「自分から離れる」ため、色んな場に立つ訳です。

そうした実感が湧いてくると、僕には「離れる前のいつもの自分」が立っている「普段」の場が気になって仕方なくなりました。「普段」立っている自分の場所からは、自分の視界の大部分が見えていますが、では、「自分」とは何なのか。自分を自分から離れて眺めてみたい。よく、客観的に自分のことを見るべし、と言われたり、自分のことは自分が一番分かっているわけではない、と耳にします。

これは簡単だ、と僕が思いついた方法があります。

それは、自分のことを「あの人」と呼んでみる方法です。僕を例

に文章をつくってみます。「あの人はいま地図や地理に関する本を書いているけれど、その編集の仕方について非常に悩んでいる。あの人の頭の中身と、読者が1つずつ知識を吸収していくステップとにズレがあるから悩んでいるに違いない」

このようになります。

自分を「あの人」と呼んだだけなのに、僕には自分自身を妙に他人の気分で眺められるようになったり、ひいては他人の「立場」に立つことさえできるように思われてくる。

この方法はもっと広げられそうです。試しに、自分の会社のことを「あの会社」と呼んだり、自分の家族のことを「あの家族」と呼んでみよう。とここまで書いただけで、僕は自分の会社や家族のことを、とても客観視して考え始めていることに気づきます。今までぼんやりしていたイメージにはっきり輪郭がついてくるようになる。そんな感覚に襲われます。

この方法は地図・地理にも展開できそうです。日本のことを「あの国」と呼ぶ。自分の住んでいる街を「あの街」と呼ぶ。今いる地点を「あの場所」と呼ぶ。些細な方法にも思えますが、いとも簡単に「自分から離れる」ことができます。

どう呼ぶか、その呼び名が、「立場」という思考法を使う際に重要になりそうです。ということは、「普段」呼ばない呼び名で自分を呼んでみればいいのではないか。自分を「あの人」と呼ぶ以外に何かあるだろうか。僕は下東史明という名前です。とここまで書いてすぐに気づきます。僕は普段、自分のことを「下東」とか「史明」と呼ばない、ということに。自分で自分の名前を呼ぶ女子高生などをファミレスなどで見たことはありますが、もう大人になると、人と話す際に自分の苗字や名前で自分を指すなんてことはありません。試しに僕は自分で自分の名前を呼んでみました。はじめの

うちは少し幼稚に感じてしまい恥ずかしかったのですが、繰り返し呼んでいるうちに、次第に自分以外の誰かに呼ばれているような感覚になりました。呼んでいる自分と呼ばれている自分が分離していく、というような少し不思議な感覚です。ちょっと詩的に表現すると、自分が自分から剥がれていくような感覚です。

　と、このあたりで「立場」という思考法の考察を終えようと思います。「立場」という思考法も「凝視」と同じく、使おうと意識しないとなかなか使えない、効力も発揮しない。最近では、世の中にある様々な知識や考えを整理して僕たちに知らせてくれる目利き（キュレーターと称される人びと）を見つければ（ネット上でも本でも）、容易に様々な「立場」に立つことはできます。

　それでも、やはり自分なりに色んな「立場」に立つ思考実験をした方が、時間はかかるけれど、自分の頭の中を自分で開拓できるのではないか、と僕は思っています。日々、使おうと意識し、どんな効力を発揮してくれるかを自ら楽しんでみたいのです。

　まだ地図・地理と向き合ってわずかな時間しか経っていませんが、地図・地理には思った以上に色んな思考法が眠っているのではないか。そう考えると、最初は掴みどころがなかった地図・地理が少し輝いて見え始めました。

3 方角

どこにいるか、
どこに行くべきかを把握する。

地図を見ながら街を歩いているとき、いつも分からなくなるのは方角です。目の前にひろがる風景と東西南北をどうマッチングさせ、どう組み合わせればいいのか分かりません。北、と言われても、今いる場所から北はそもそもどっちだ…となってしまいます。日常生活する上で、正しく、しかも便利に方角を使いこなしている方はいらっしゃるでしょうか。

　方角なんて知らなくても不自由はなさそうな気もしますが、地図・地理と向き合う上で、とりあえず方角について少しは詳しくなってみたい、もしかすると便利なことがあるかもしれない。そう思って地図を見てみることにしました。

3.1 上下左右ではなく方角を使うと

　地図を見る、地図を誰かへ示す際につい、「右の少し上」というような表現を頻繁に使ってきました。図Aで上野駅は中野駅からどの方角に位置しているか、を示す際、右の方の少し上に、と言ってしまいます。けれど正しく方角で示すと東北東に位置しています。北東東と僕は思っていたのですが、実はそんな方角は存在していません。北、北東、東、南東、南…という8方位については知っていましたが、16方位についてはその名称さえ曖昧だったのです。北、北北東、北東、東北東、東、東南東、南東、南南東、南…という

図A：上野と中野の位置

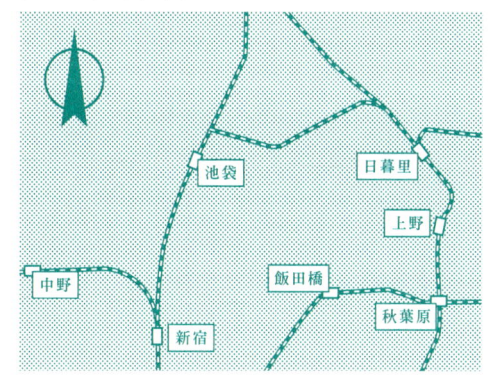

のが、正しい16方位。北東のちょっと東寄りだから北東東と考えるのは誤りでした。

　右の方の少し上という表現は方角ではありませんが、このような表現も一種の方角だと思い込み、日常生活ではつい使ってしまいます。人に道を説明するときも、説明されるときも、「この店から右上の方」とか「××通りのちょっと外側」といった表現に頻繁に出会います。正しい方角に疎くなる最大の原因は、これらの「曖昧」な表現だったのだと僕は知りました。上や右と言っても、場所や人によってまちまち。立っている向きによっても違ってくる、極めて曖昧な表現だったのです。地図・地理上での方角とは、東西南北の一種類のみ。あくまでこの大前提をしっかり自分の中に刻み込もう、と僕は思いました。これからは「中野駅から右」ではなく「中野駅から東」と表現し、「少し上」は（向きによって異なりますが）「北東」と表現しようと決意したのです。

　ここで簡単な思考実験を行うことにしました。右や左という曖昧な表現と訣別するためです（訣別する、はやや大げさですが）。

　A地点から真北に向かって500m、そこで90°右に曲がり、まっすぐ500m歩き、次に90°左に曲がります。さらにまっすぐ歩きC地点で90°左に曲がると、いま向いている方角はどこか。

　図で書かないと分かりませんので、書いたものが図B。

　右や左という言葉の紛らわしさについて、今一度、しっかり確認することができます。

図B：思考実験の結果

3.2 地球上の東西南北

　方角を正しく知る・使うことが大切なのではないか、という気はしてきましたが、まだ僕は少々混乱しています。例えば日本から北東の国はどこですか？と問われても、すぐに分からないからです。日本近辺ですら分からないのですから、世界にまで広げればなおさらです。そこで一度、世界地図上、地球上における東西南北がどうなっているかを押さえておきたいと思います。

　先ほどの例、日本から北東の国、ですが、僕は直感的にカナダだと考えました。図Cに従えば、明らかにそう思えます。なのですが、これは誤りだったのです。正解はアメリカ（西部）だったのです。

図C：日本の北東に位置する国は…（メルカトル図法）

　この答えを知った僕はますます混乱しました。実は、図Cの世界地図を使っていたのが誤りの始まり。僕たちが普段よく目にする図Cはメルカトル図法でつくられた地図ですが、この地図は方角が正確に反映されない地図だったのです。

図D：日本の北東に位置する国は…（正距方位図法）

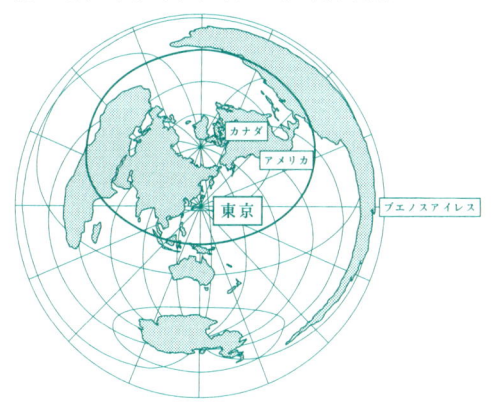

　正しい方角を知

るためには、図Dのような正距方位図法という図法でつくられた地図を使わないといけなかったのです。

飛行機の最短経路を見る場合などに使用されることが多いようですが、ご覧のように形がものすごく歪んでいてとても見にくい。しかも地図の中心からの方角しか正しくないということで、例えば、東京からブエノスアイレス（アルゼンチン）の「方角」は東ですが、ブエノスアイレスからの東京の「方角」は西にはなりません。

そうこうするうちに、最初の頃に比べれば、幾分か方角に慣れてきました。

3.3 方角での比較

北や東、西、南は今自分がいる場所や、どこかを基点にした場合に使うことが多い。他方、××という地は〇〇という地よりも北に位置している、東に位置していると使う場合があることに僕は気づきました。地球儀を見ているときに、実は北海道はヨーロッパの大部分よりも南に位置していることを知ったからです（図E）。

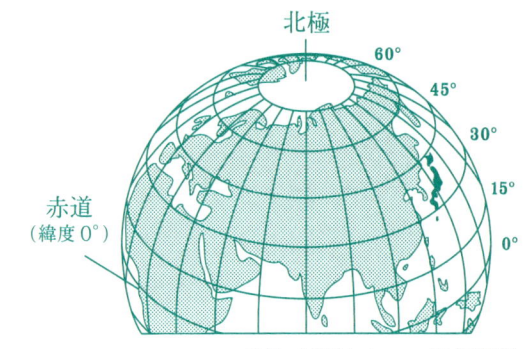

図E：北海道とヨーロッパの位置関係

この事実はとても意外なもので、ヨーロッパが北海道よりも北だなんて今まで気づきもしませんでしたし、考えたこともありませんでした。以前までは「上の方」「大体、右の方」といった表現で空間把握を行っていたからです。北海道とヨーロッパの位置関係ばかり

でなく、意外なものは日本国内にも存在しているのではないか。日本地図を今一度確認したいと思います。

図Fを「凝視」すると様々な意外な位置関係に気づきます。

京都は名古屋よりも南にあり、舞鶴も東京より南、甲府も成田空港より南。どれも僕たちの実感やイメージとかけ離れていませんか。普段意識せずとも不自由なく生活できますが、緯度・経度をもとに方角を把握すると、今まで知らなかった相対的な地理を把握することができるのです。

図F：よく見ると意外な位置関係

3.4 方角を簡単に知る方法

と、ここまで方角にとにかく慣れよう、知ろうとしてきましたが、なかなか使いこなすのは難しい。使用する方が正確かもしれない、使用するときに注意が必要なことは分かったけれど、結局、今ここですぐに正しい方角を知るにはどうすればいいか。手元に方角が正しい地図がない場合や、街を歩いているときに方角を知るにはどうすればいいか。

最近では方位磁針を備えたケータイなどもありますが、僕のケータイにはそんな機能はありません。そこで、簡単に方角を知る方法がないか調べました。すると、かなり簡単で、今日からでも使える

方法がありました。それはアナログ時計を「凝視」する方法です（デジタル時計ではダメです）。

図Gがその方法です。ご覧のように、まず時計の短針を太陽の方へ向けます。

それから時計の短針と時計の「12」の表示を2等分（ちょうど真ん中）した先が南の方角となります。普段、コンパスを持ち歩くことなんてあまりないので、貴重な「方角」取得術です。僕は風水なども多少気にするので、もってこいです。

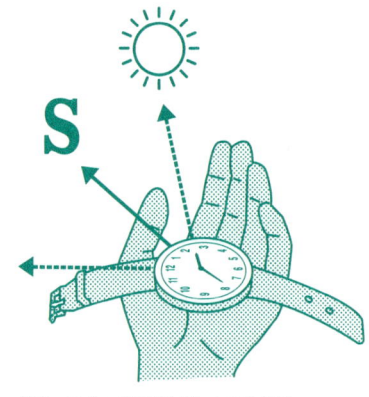

図G：アナログ時計を使った方角把握

3.5 地図・地理以外にも方角はあるのか

「方角」は無理に使おうとしないまでも、地図・地理上で必ず出現する要素。3.4までに得られた収穫は「方角」の使い方だけでしたが、これだと思考法と呼ぶにはまだまだ。そこで、地図・地理以外で「方角」とは何なのか考えてみたいと思います。

地図・地理における「方角」とは、東西・南北という2つの軸を組み合わせ、自分の現在地や目的地を把握するもの。これを抽象化すると、2つの軸を組み合わせれば、色んなものの現在地や目的地を把握することができるのではないか。いくつか例をとりながら考えていきたいと思います。

ブレることのない（もしくはブレの少ない）縦軸と横軸（地図・地理では東西と南北）を設定することができれば、もうそこには「方角」と呼べるものが出現します。

会議の席上、妙につまらなさそうな人がいます。彼の心理状況を

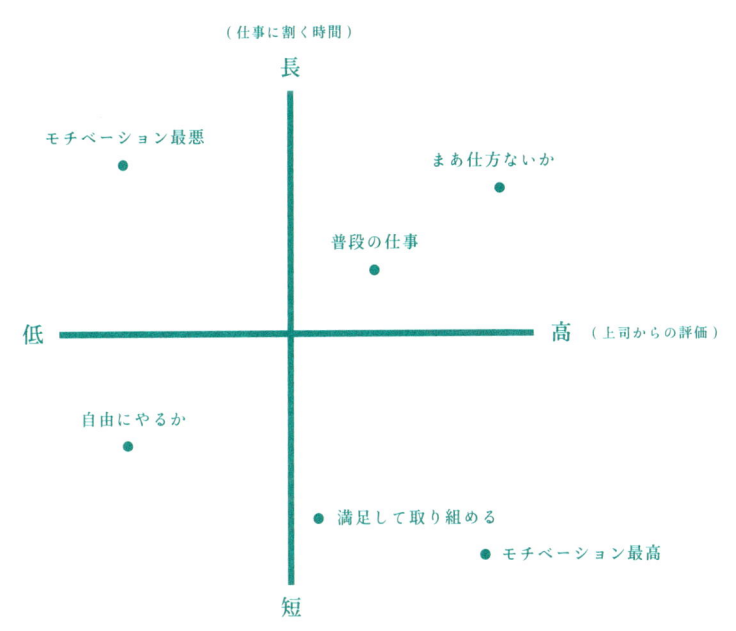

```
                    （仕事に割く時間）
                         長
                         │
  モチベーション最悪       │      まあ仕方ないか
        ●               │          ●
                         │
                         │    普段の仕事
                         │        ●
                         │
低 ──────────────────────┼────────────────── 高 （上司からの評価）
                         │
                         │
   自由にやるか          │
        ●               │
                         │
                         │     ● 満足して取り組める
                         │
                         │              ● モチベーション最高
                         │
                         短
```

図 H：仕事におけるモチベーションマップ

　ただ「モチベーション」という1つの軸から考えるのではなく、「仕事時間」「上司からの評価」という2つの軸を持ち出して考えるとどうなるか。

　彼は、その会議に上司が出席しておらず、かつ、もう数ヶ月関わっている仕事だから、つまらなさそうにしているのかもしれません。つまり、上司からの評価の高低、仕事時間の多い少ない、という「方角」から、彼の心理の現在地がどこにあるか分析することができるのです。図Hをご覧ください。また、違う軸を2つ設定し直して、「会議の人数」「年収」という「方角」を持ち出してみると…。全く別の図に書き換えることができます。

　この応用例からいくつかの教訓を引き出せます。人と全く話が噛み合わない場面に遭遇することがあります。コミュニケーションの齟齬は、それぞれが手にしている「方角」が異なっているからだと考

3.5

えられます。会話（対話）というものは1つの軸だけで行われることは少なく、2、3もしくはそれ以上の軸をもとに行われていると感じます。

「方角」という思考法に出会うと、自分の話の「方角」と相手の話の「方角」が合っているか、ズレがあるかについて意識できるようになり、コミュニケーションに齟齬があっても以前よりイライラしないようになりました。これも「方角」の1つの効用でしょう。

3.5.1 個性的な「方角」は個性的な軸から

地図・地理では東西南北に限定される「方角」も、地図・地理以外では色んな「方角」を自分で自由に設定することができます。

実際、経済学のグラフなどでは、色んな「方角」を用いることが当たり前になっています。例えば、賃金上昇率と失業率を「方角」として考えると、フィリップス曲線と呼ばれるものができたり、利子率と所得を「方角」にすると…、という具合です。様々なグラフが表現できる事柄はそれぞれに特化しています。それは実は設定している「方角」の違いに過ぎないわけです。また、すでに存在する色んな「方角」をストックしておくことも役に立ちそうです。たとえば、経済学だと生産量や費用や貨幣供給量…。

地図・地理以外の「方角」について、少し理解が進みました。自分独自の基準を2つ組み合わせ、新たな「方角」を生み出せる。

たまたま今、僕の机に日本の古典文学が並んでいます。日本の古典文学だと、年代・男女のようにブレの少ない「軸」を2つ組み合わせて「方角」をつくることができますが、こんなありきたりな「方角」で日本の古典を分析しても何も面白くありません。もっと自分なりの「軸」を2つ設定し、そこから生まれる新しい「方角」をもとに、日本の古典文学を考えるとどうなるでしょうか。「教訓度」「テンション」といった2つの軸から「方角」をつくってみる。教訓度を横軸に、テンションを縦軸にとると…。教訓度、という軸

```
                    (テンション)
                        高

  源氏物語                        東海道中膝栗毛
    ●                                  ●
                  ● 平家物語

                      ● 古事記
  低 ─────────────────┼───────────────── 高  (教訓度)

        枕草子 ●              ● 徒然草

      ● 四谷怪談

                        ● 百人一首
                                   ● 方丈記

                        低
```

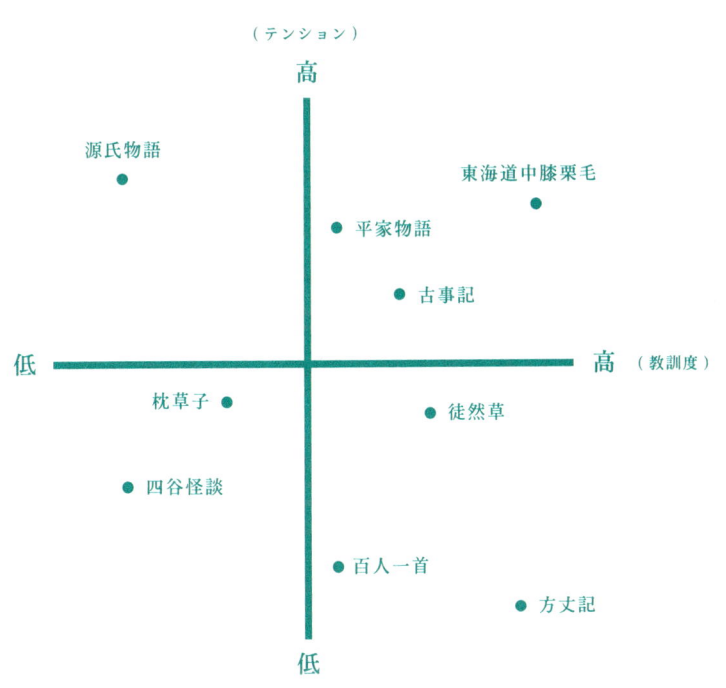

図Ⅰ：日本の古典文学マップ

は両端が「ためになる」「ためにならない」という軸。

テンションという軸は、両端が「ハイテンション」「ローテンション」という軸。

2つを組み合わせた「方角」をもとに、日本の古典文学地図をつくると、図Ⅰになります。

「東海道中膝栗毛」は確かにハイテンションだけど、読めばちゃんとためになる。「源氏物語」はずっと恋愛のボルテージが高いままハイテンション。けれど、道徳・教訓の観点から見ればためにならない。他の、「古事記」「平家物語」「百人一首」「方丈記」「四谷怪談」「枕草子」「徒然草」も内容を思い出して（読んだことのない方は、是非、ご一読を）、どんな「方角」を示すようになるか、確認してみてください。

3.5.1

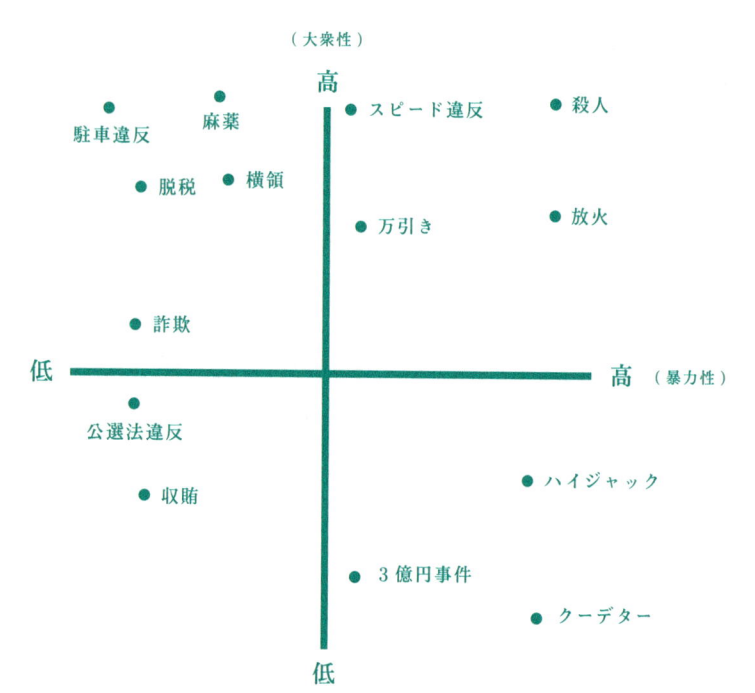

```
                    (大衆性)
                     高
   ● 駐車違反  ● 麻薬    ● スピード違反    ● 殺人
              ● 脱税 ● 横領
                            ● 万引き        ● 放火

        ● 詐欺
 低 ─────────────────┼──────────────────── 高 （暴力性）
        ●
      公選法違反
         ● 収賄
                                  ● ハイジャック

                          ● 3億円事件
                                     ● クーデター
                     低
```

図J：犯罪マップ

「方角」という思考法は地図・地理以外でも大いに役立ちますし、それだけで興味深いことが分かります。もちろん、2軸を設定して分析するという手法はすでに存在しています。理系でも文系でも、抽出する要素、着目する特徴をもとに、グラフがつくられます。だからグラフは、一見、ありふれたものに感じますが、そうでもありません。

僕は「方角」という思考法に出会ってからは、自分なりの「独自」の軸から珍しい「方角」を設定できれば、新たな発見や解釈が得られるのではないか、と思うようになりました。先ほどの古典文学の新たな分類においてもそう。ありきたりな図は、ありきたりな「方角」を設定していることが原因なのです。

こう考えると、次々に色んな「地図」をつくれそうです。犯罪を

(ポピュラリティー)

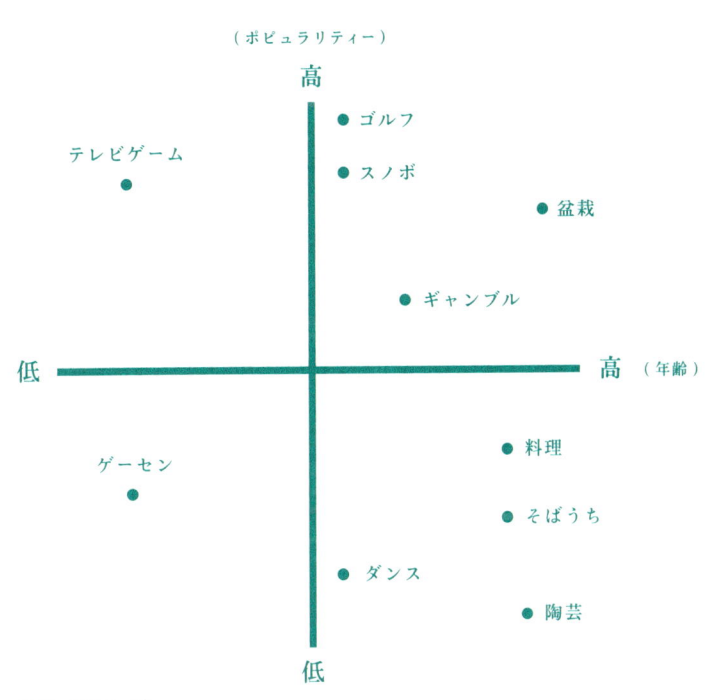

高

● ゴルフ

テレビゲーム
● スノボ

● 盆栽

● ギャンブル

低 ─────────────┼───────────── 高 (年齢)

● 料理

ゲーセン
●
● そばうち

● ダンス
● 陶芸

低

図K：趣味マップ

地図にするとして、「暴力性」「大衆性」を軸に「方角」をつくってみると、図Jのようになります。人の趣味に対しても、年齢／ジャンルといった「方角」で考えがちですが、少しだけ違った「方角」で見てみることもできます。「年齢」はそのまま活かすとして、そこへ「ポピュラリティー」という軸を加え、新たな「方角」から趣味を分析してみると図Kのような「地図」になります。

ありとあらゆるものを対象にできそうです。

「方角」は2つの軸の組み合わせですので、この「方角」あまり面白くないな、ありきたりだな、なんてときは、どんどん別の2つの軸から「方角」をつくっていけばいいのです。「方角」の数だけ、万物、事象は位置を変え、新しい姿をさらけだしてくれます。

3.5.1

3.5.2　自分自身の現在地を「方角」から把握する

　僕たちはいつも、地図上で自分の現在地を「方角」から固定しています。地図以外の自分の現在地（比喩的な意味の現在地）を同様に知ることはできないでしょうか。3.5.1 では、色んなジャンルの色んなものの「現在地」を、「方角」を設定することで定義しなおしたのです。僕たち人間についても適用できそうです。「現在地」は「立ち位置」と言い換えられます。

　仕事についてから 10 年弱経ちますが、自分は会社や社会のどこに立っているのか、ふと気になることがあります。ぼんやり考えてもよく分からないので、いつもすぐに考えるのをやめていました。しかし、「方角」という思考法を知ると、以前より少しは考えやすくなったように思います。

　僕たちが仕事をしていく上で、自分がどこに現在立っているか、それをどんな「方角」をもとに把握すればいいのか。僕は 2、3 年前まで自分にできること、自分の能力という 1 つの軸だけで把握・判断していました。やはり 1 つの軸だけだと分かりにくい。

　ここ 1 年でふと気づいたのは、相手がどれくらい幸せを得られるか、という軸です。相手にとっての幸せの量。自分に何ができるか、だけでなく、自分にできることが相手（社会も含めて受け取り手全般）にとってどれくらい幸せをもたらすのか。こうした 2 軸をもとに自分の現在地を把握すること。これは自分以外の人にも応用可能な「方角」だと思います。あの人のできることと、あの人のできることが他の人にもたらす幸せの量、というように。

3.5.3 僕たちの目的地

「方角」は現在地を教えてくれるだけでなく、それに加えて、どこに向かって進むべきか、目的地を僕たちに分かりやすくしてくれます。地図で「方角」を調べるときなどはまさにそう。これを地図・地理以外に応用するとどうなるでしょうか。先ほど、僕たち自身の現在地について考えたので、僕たち自身の（地図上にない）目的地について考えてみます。

僕たちは仕事でも生活でも人生でも、特に迷いがない場合は、「方角」を意識しなくても快適に過ごせます。何の迷いもない場合に、地図をとりだして「方角」を確認する必要がないのと同じです。仕事、生活、人生において、大筋で正しい「方角」に向かって歩いているなら、多少の迷路や脇道に逸れることはあっても、最終的には目的地へ向かうことができる。まだ人生経験は乏しいものの、僕はそう感じます。立ち止まってしまうことはあっても、しばらく道の上でぼんやりしていると、「まあ、こっちかな」と足が自然に向くように。

自分が歩いている「方角」が大筋で正しいのかどうか、については、完全に僕たち自身の思い込みなのですが、判断に自信があれば他人から何を言われようと、どんな批判を受けようと、一時的な「向かい風」だと感じて、あまり気にはなりません。

他人の批判や意見に揺らいでしまうのは、自分の歩いている「方角」の正しさに自信がないとき。僕は揺らぎを感じたときこそムキにならず、一度、「方角」に誤りがないか考えるようにしています。他人と自分の意見が異なった場合、相手はどんな2つの軸からなる「方角」を持っており、現在地はどこなのか、それを想像してみればよいのです。自分と意見の異なる人の頭の中を想像することが

でき、追体験することができる。それは想像以上です。そうすることで、自分になかった新たな「方角」の獲得につながり、うっかり反発してしまいそうになる対立を、ポジティブで生産的なものへ変換することができます。

　子どもの頃から知ってはいた「方角」という概念は、やはり地図・地理上で有効でした。また、地図・地理にしか使えなさそうなこの概念が、地図・地理以外にも大きく応用可能なことも知りました。地図・地理がまだまだ色んな思考法との出会いを与えてくれるのではないか、と期待しています。ここまで、わずかに「凝視」「立場」「方角」の３つだけですが、一体、どれくらい増えていくのか。少しワクワクしながら、再び、地図・地理へ戻りたいと思います。

4 争点

なぜ争う、を知る。

地図・地理から連想されるものは、残念ながら、主に「もめごと」の類です。実際、テレビでも新聞でも、地理や領土や境界をめぐって、紛争や衝突がよく報道されます。そんなニュースに触れるたび、僕はいつも「自分はまだまだ世界のことを知らないなあ」と思っていました。背景がよく分からないまま、断片的な事実を知るだけで終わってしまうものもあるし、そもそも聞いたことのない地域も出てくるから、出来事の本質に触れないままに終わってしまうニュースもあります。

地図・地理上には色んな争いが潜んでいる、地図には争いが貼り付いている、ということだけは意識できるようになったので、一度、何について争っているのか、つまり「争点」は何かという意識を持って世界地図を眺めてみることにしました。

4.1 聞いてるだけで何も知らない

まず最初に目にとまったのは中東（図 A）。

紛争、騒乱の宝庫と言うと、現地の方々には大変失礼ですが、いつも荒れているイメージがあります。その中東の中でも僕はイスラエルに注目してみました。

ご存知のように「アラブ人とユダヤ人が争っている」さらに「イスラエルは他の中東諸国とも仲が悪い」といった知識は持っていましたが、細かくは知りません。地図を見ると、「ヨルダン川西岸」という、テレビや新聞で聞いたことのある地名を発見しました。

この地名も知ってはいましたが、こうして地図としっかり向き合うまでは位置さえ理解していなかった。ヨルダン川が一体どんな川かさえ知らないので調べてみると、流れ込んでいる先は死海（塩分が濃く、人が浮くあの湖です）で、イエス・キリストが洗礼を受けたのもこの川。

ただ「争点」となっているのは、そのヨルダン川の西岸でも南西

図A：中東

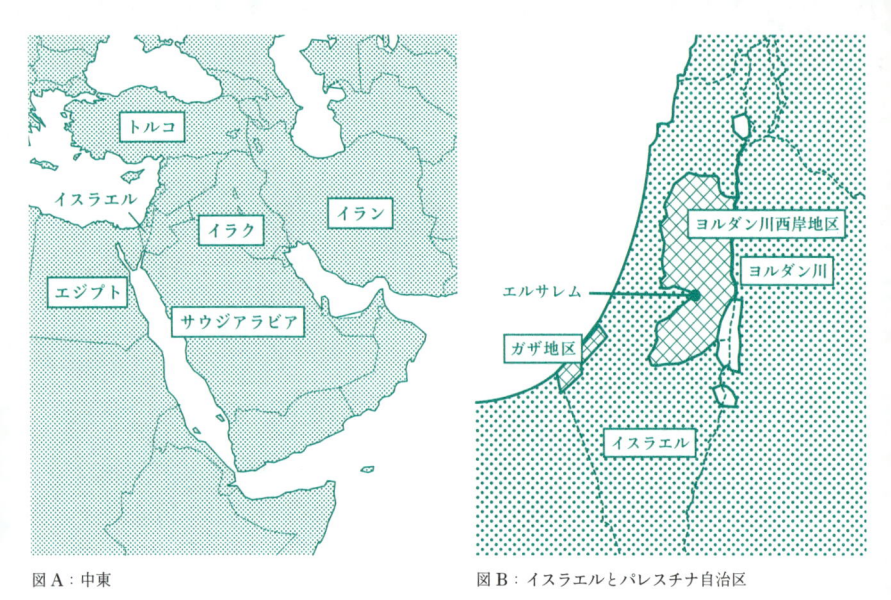

図B：イスラエルとパレスチナ自治区

部にあたります。ここをめぐって、イスラエルとパレスチナ自治区が争っているのです。実際、ヨルダン川西岸地区の外側にはイスラエルによって壁が立てられており、壁の内側においても、イスラエルによって多くの検問所や通行制限地域が細かく設けられ、人やモノが自由に移動しにくい環境がつくられています。

他にもイスラエルやパレスチナがらみのニュースで耳にするのは「ガザ地区」。この地域についても、よくニュースで流れるので、僕は随分と知った気になっていましたが、地図を見るまではどの地域を指すのか見当もつきませんでした。

ガザ地区とは図Bに示した地域です。この地区はハマスという組織が支配している一方、先ほどのヨルダン川西岸は主にファタハという組織が支配しており、両組織は同じパレスチナに属していながらも激しく対立しているなど、「争点」が発生しています。

僕は2つの地域を地図で確認してはじめて、「争点」の存在や中身について意識するようになりました。

ぼんやり知っているつもりの地図・地理上の「争点」について、

実は中身を少しも知らない。つまり、目に入ってはいるが、見て確かめてはいないことがいかに多いか、それを思い知らされました。そこで、世界地図上で、とにかく「争点」になっている地域の位置くらいは頭に入れておこうと地図を見ていくことにしたのです。

4.1.1 やっぱり何も知らない

次に目を向けたのは「チェチェン」です。テレビ・新聞その他で目にする、耳にする地名ですが、僕にとっては「何かごちゃごちゃと問題が起きているらしい場所」としか感じられず、何が起きているか、イスラエル以上に知りません。そもそもチェチェンとは国なのか、地域なのかさえ…。

チェチェンは図Cからも、国。正式名称はチェチェン共和国です。チェチェンの両側に位置している湖と海、それぞれ何かご存知でしょうか。僕はかろうじて知っていました。東側がカスピ海で、西側が黒海です。

とはいえ、2つとも名前しか知らないので、ちゃんと調べてみると、カスピ海は海とも湖とも呼べる特殊な性質を備えており、形の上では湖。その特殊な性質とは、このカスピ海、実は塩分を含んだ湖なのです。海だと規定するなら世界最小の「海」となり、湖と規定するなら（一般的にはこちらです）、世界最大の湖となる。

図C：チェチェンの位置

北アイルランド紛争
チェチェン独立運動
アフガニスタン内戦
キプロス紛争
グルジア内戦
コソボ独立運動
バスク民族主義運動
クルド民族紛争
パレスチナ問題
チベット独立運動
西サハラ領有問題
リビア内戦
スーダン内戦
イエメン内戦
カシミール問題
シエラレオネ内戦
タミル・シンハラ民族運動
ソマリア内戦
ルワンダ民族紛争
ミャンマー反政府運動
アンゴラ内戦
アチェ独立運動
カンボジア内戦
東ティモール独立運動

大きさは371,000km^2。これは日本の国土が377,835km^2であることを考えると、ほぼ同じ。驚くほどの「スケール」であることが体感できます。カスピ海はキャビアの産地として有名ですね。

黒海は文字通り、黒味を帯びた海水に由来し、アジアとヨーロッパの境に位置することから、古くから重要な地域とされてきました(と教わりました)。

さて、このカスピ海と黒海に挟まれた地域に位置するのがチェチェン。位置関係は把握できたので、詳細を調べると、チェチェンは山岳民族であるチェチェン人が住んでいた地域なのですが、ここにロシア帝国が進出してきて以降、地域そのものが「争点」となり始めたようです。

(すでに解決した問題も含む)

- 北方領土問題
- 竹島領有問題
- 朝鮮半島南北対立
- 尖閣諸島問題
- 台中対立問題
- 南沙群島領有権問題
- グアテマラ内紛
- エルサルバドル内紛
- コロンビア反政府運動
- ハイチ内戦

図D：主な紛争・対立地域

　ロシア帝国が南下を推し進めた結果、チェチェンはロシアに併合されます。その後、ソビエト連邦の成立、スターリンによる弾圧を受けながら、徐々に反ロシア感情が醸成され、ソビエト崩壊を機にチェチェンはロシアからの離脱を宣言。それを認めないロシアとの間で紛争が勃発したという訳です（チェチェン紛争と呼ばれています）。

　チェチェンはロシアからの独立を求める人たち一辺倒ではなく、中にはロシアによる統治を受け入れることで、平和を守りたいと考える人々も存在しており、これも「争点」となっていることが分か

4.1.1

りました（知らないことが山ほどあるものです）。

ニュースでは「最近何が起きたか」のみを僕たちに知らせるので、経緯やきっかけについては、僕たちが知ろうとしなければ、何もわからないまま。ここで僕がさらに考えを深めるべきと考えたのは「争点」の「特徴」でした。図Dには紛争が起きている地域、つまり「争点」が発生している（発生した）地域が示されています。

それを「凝視」して、共通点がないか探ることにしました。

4.1.2 「争点」が発生しやすい地域や要因

そもそもなぜロシアは、チェチェンの離脱を認めないのか。もう20世紀も終わって21世紀に突入したのに、なぜいまだにロシアは異民族の土地にこだわるのか。1つは、チェチェンの分離独立を容認してしまうと、ロシア領内の他の民族もチェチェンと同様、ロシアからの離脱を求め、ロシアの求心力が低下する。それをロシアが怖れているから。僕にはこれは原因の1つのような気がします。

世界地図で紛争が起きている地域とチェチェンの位置をよく「凝視」してみると、「挟まれた地域」という特性・条件に端を発しているのではないか、と思われてきたのです。実際、先ほどのヨルダン川西岸地区もイスラエルとヨルダンに「挟まれた」地域に位置しています。「挟まれている」ということは、挟んでいるもの同士が衝突しやすいので、そこで「争点」が発生しやすい。「争点」の中身は様々でしょうが、「挟まれている」ことが引き寄せる争いがあるように思うのです。チェチェンの例に戻りましょう。

チェチェンがカスピ海と黒海に挟まれている、ということは、カスピ海から黒海へ向かうにはチェチェンを通らなければなりません。通るものと言えば、ヒトやモノなのですが、チェチェンの場合、この「モノ」が厄介だった。その「モノ」とは石油。石油はもちろんトラックに積んで運ぶこともできますが、効率は悪い。大量の石油を運ぶ場合、パイプラインが使われます。このパイプライン

の通り道であるチェチェンを、ロシアは何とか自らの影響下に置いておきたいのです。つまり、石油こそ「争点」の原因であり「争点」そのものです。

「石油」という要素を見つけて、他にすぐ連想が浮かびました。

アメリカがイラクにこだわっていた、今もこだわっているのは、何も中東の民主化という、政治的な大義だけじゃない。石油が存在しているから。尖閣諸島も日本と中国が領有権を争っていますが、これも尖閣諸島付近にあるとされる油田が、潜在的な「争点」になっています。古くは、日本がアメリカとの戦争に踏み切ったのも、直接的には石油を止められたことが大きな原因の1つでした。

つまり、石油あるところに「争点」あり、だと僕は考えるのです。

4.2 「争点」を地図・地理以外へ応用

まだまだ世界地図上では多くの「争点」が存在していますが、ここでいったん地図・地理を離れてみることにします（慣れない政治を頭につめこんで少しくたびれたので）。

日常生活を、「争点」という思考法から眺めると何が見えてくるのか。そもそも「争点」と呼べるほどのことは起きているのか。

僕の身の回り、プライベートでも仕事でも、争いごと・もめごとは少なからず起きますが、どれもただうまく解決すればいいな、と思うようなものばかり。もちろん、各「紛争」には「争点」が存在しているので、それらを一つひとつ例に挙げて解剖してもいいのですが、あまりやる気が起きません。なるべく避けて通りたい、考えたくないという心理が働いているからかもしれません。

少し困りました。けれど、なんとかして、地図・地理でつかみかけた「争点」という思考法を応用したい。4.1で参照した世界の紛争MAPを見ていると、「××問題」という名前を持つものがあります。単に「××紛争」「××内戦」と記されているものよりも、

「何が争点になっているか」が名前を見ただけで分かります。

　これを日常生活に応用することができないか。争いごとは嫌ですが、「こういう部分をなくせばもっとよくなる」「ここを改善すべきだ」と思った場合などに、「××問題」と呼ぶことにするとどうなるか。どんなことでも語尾に「問題」と名づけるだけで一気に「争点」になる感覚がしてくるのです。

　政治でも似たことがあったことを僕は思い出します。郵政民営化も、郵政民営化問題、と名づけることで一気に選挙の「争点」のような感覚がした。日常だとどうなるんだろうか…。「夫が洗い物をしない」問題、「いつも会議が3時間を超えてしまう」問題、「初対面の人とコミュニケーションできない」問題…。

　「問題」と名づけるだけで、自分にも他人にも「争点」として強く意識へ浮かび上がらせることができる。浮かび上がらせることで、つい忘れがちだったり、解決を後回しにしがちな「争いの種」や「原因」を忘れないようにすることができる。僕の場合は、自分の欠点である短気なところを、「すぐイライラする問題」と心に刻み、よくない部分の「争点」、改善すべきものと意識するようになりました。自分では分かりきっていること、自明なことでも、ちょっとこうして名づけてみるだけで、いつもより問題の輪郭がくっきりしてくるので、試してみてください。

　ただし、「問題」とあえて名づけて「争点」化するのは、気をつけないと、さらなる争いごとやもめ事を生むこともあるようです。「争点」を意識することで得られるポジティブな収穫がある反面、「争点」や「問題」を気にしすぎるとイライラしたり不機嫌になりがち。僕たちの周り、家庭でも仕事でも「よく怒っている人」を見かけます。怒っている、とは、つまり、「争点」や「問題」が気になって仕方がない、解消されないからイライラしてしまうわけです。僕たち

は「怒っている人」を見つけると、なるべくそれをなだめる、抑えるためにエネルギーを使おうとします。これは当然の行為で、放っておくとさらに怒りが倍加される可能性があるためです。

ただ1つ、ここで大きな「争点」があることに僕は気づきます。怒っている人には2つの種類があること。1つは、ただ怒っている人ですが、問題なのはもう1つ、怒っているポーズをとる人、とりがちな人。皆さんの周りにそのようなタイプの人はいませんか。僕の周りには、少なからず見かけます。このタイプの人たちは怒っているように「見せる」ことで、自分に注目を集めようとしている、「争点」を無理矢理意識するように仕向けている、そんなふうに感じてならないのです。自分の感じている「争点」を周知するための1つの手段ではあるでしょう。でも、僕には大人気ないものに思えてなりません。「争点」を顕在化させることに力を傾けすぎると、このような大人気ないタイプに陥る。その意味で「争点」、特に「争点化」には注意したいものです。

と、ここで僕はこの話によく似ている例を世界地図上で発見しました。北朝鮮が、時折、もめ事や紛争（めいたもの）を起こす・起こそうとする姿勢を見せることで、世界の耳目を集め、常に世界各国に自らの存在感を誇示するのは、まさに、「わざと怒っている人」に似てはいないでしょうか。

4.3 隠れがちな「争点」

さて、「争点」という思考法を手に入れると、地図・地理上のニュースをより簡単に解剖できるようになったり、それに比例して地図・地理に以前より興味が増したり、詳しくなれることに気づいたのでした。では、まだあまり顕在化していない「争点」を見つけるにはどうすればいいのでしょうか。

今までは世界地図上に記されていたり、新聞・ニュースその他で

ぐに目につく紛争・騒乱の「争点」について調べたり考えたりしてきましたが、隠れているもの、気づきにくいものが残っているはず。

細かく各国の事情を調べていくと、あまりニュースになっていないながら、もめ事やそれに付随する「争点」の存在に気づくことができます。

図E：カナダのケベック州

例えば、カナダのケベック州（図E）は、この地域自体が長い間カナダの「争点」でした。歴史的にケベック州はフランス系住民が多く、文化もフランス文化が色濃かったためです。

ケベック州の住民はカナダからの分離独立を志向し、1980年と1995年に州民投票を実施。2回とも結果は分離反対が可決（1995年は僅差で）されたことで、ひとまず分離独立の気運は沈静化しましたが、それ以前までは明らかにカナダの「争点」だったという訳です。

カナダと聞くと、何も「争点」らしきものは感じません。少なくとも僕はそうでした。平和な国家とのイメージが強いのですが、少し調べてみるともめ事や「争点」の存在に気づきます。

他にも、現在の朝鮮半島や以前のドイツのように、同じ国が2つに分かれて「争点」になっている地域も存在していました。よく目にする、耳にするニュースだけだと国や地域が分断されているのは、もはや朝鮮半島くらいだと思っていたのですが、世界にはまだまだ残っていました。

キプロスという地名は聞き覚えがあるでしょうか。僕はぼんやり

地中海の島だというイメージしかありませんでした。正確な位置は図Fの地図から分かります。キプロスは、トルコの南、東地中海に浮かぶ島。この島は実は南北で分断されているのです。

地理的に山脈や森で分断されているのではなく、政治的に島の南北で別々の国に分かれています。北部がキプロス・トルコ共和国、南部がキプロス共和国。全く知りませんでした。

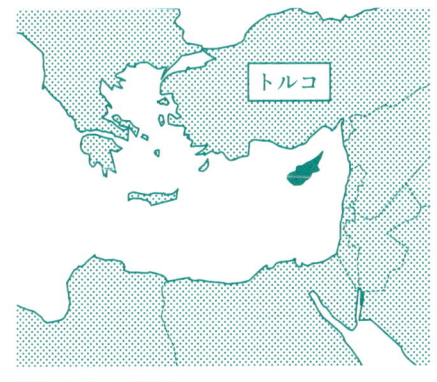

図F：キプロスの位置

なぜ分かれているのか。今やこのキプロスは南と北で民族が違います。北はトルコ系、南はギリシア系。というのも、第二次大戦後、1960年にイギリスから独立した当初は、南も北も1つの国だったのですが、トルコが1974年に軍事介入してきたことで南北に分断されたから。その後、国連の仲介による和平交渉が何度も行われたものの、ドイツのようには再統合されず、現在に至っています。

ここで、同じ島なのに2つに分かれているのはキプロスだけでない、そのことに僕は気づきました。地図・地理と向き合うようになったおかげで、以前までの僕なら気づかないままだったことに意識が向かうようになったのです。向き合う時間に比例して、無意識のうちに世界地図や地理が頭にインストールされていたのでしょうか。

アイルランドは1つの島ですが、北と南に分かれています。でも、アイルランド国は島全体と重ならない。北部を除いた南部が国。アイルランド島の「争点」は「宗教」ですが、この争点、イギリスのアイルランド併合（1801年）に端を発します。カトリック系住民の多い南部はのちに独立を果たしましたが、プロテスタント系の北アイルランドはイギリスの統治を受けました。北アイラン

ドでは、アイルランドの統一を目指す IRA（アイルランド共和軍）による激しい独立運動が知られています。北アイルランドがイギリスから自治権を獲得したのはようやく 1998 年のことです。

このように顕在化していない「争点」はこまめに調べることで分かりますが、まだ顕在化していない、隠れているというよりはむしろ、これからの未来における「争点」をあらかじめ知るには、どうすればいいのでしょうか。次からは未来、将来における「争点」を探してみたいと思います。

4.3.1 将来・未来の「争点」はどこに

近い将来でも少し遠い未来でも、「争点」はどこに生まれるのか。「争点」が争いや衝突に必ず付随することを考えれば、将来的に衝突や争いが起きそうな場所を探せばいいことになります。言い換えれば、まだ何も起きていない、イコール、未開拓の分野ではないか、というカンが僕には働きました。

カン任せというのは、思考法や思考実験の邪道と感じられるかもしれませんが、後で述べる「交差点」という思考法を知った僕は、このときのカンこそ、まさに、地図・地理と向き合っていたからこそ生まれた、と納得がいくようになります。

未開拓な分野は、横文字を使って言えばフロンティアです。フロンティアは、まだ多くの人・モノ・企業・国が進出していないからこそフロンティアであり、「争点」も顕在化していないのではないか。地図・地理上でも、日常生活（特にビジネス）上でも、フロンティアを探せば、将来・未来の「争点」の一端を予測したり知ることができるのではないか、と思いました。

まず地図・地理上からフロンティアを探してみます。

世界地図を広げると、もはや「新大陸」や人類未踏の地なんて存在しないように感じます。だから、可能性としての、潜在性としてのフロンティア探し、つまり例えば、北朝鮮などは資本主義国じゃ

ないから、体制が変革され市場開放が行われればフロンティアが生まれる、というようなフロンティアなら探せるかもしれない。そんなことを思いながら世界地図をくまなく眺めていると、実は、存在そのものがフロンティアである場所があったのです。

それは南極です。オーストラリアなどの南半球に目を向けているときに、そのさらに下に広がる南極大陸に注意が向きました。南極…、そう言えばどこの国の領土でもないはず。21世紀にもなって手付かずの地域があると気づいたので、僕はとりあえず南極の現状を調べてみました。

さて、予感的中といわんばかりに「争点」が存在しています。しかも分かりやすい「争点」です。各国が領有権を主張しているのです（図G）。日本もかつて（戦前まで）は、大和雪原と名づけた場所の領有権を主張していたのですが、戦後のサンフランシスコ平和条約で領有権を放棄して以来、主張しなくなりました。ただ、現在では南極条約（1959年）が締結され、領有権を主張する国も一部ありますが、表面上、領土をめぐる「争点」は収まっています。

この南極大陸、よく調べると「争点」になる可能性を秘めた要素が盛りだくさんであることが分かります。4.1.2で石油は「争点」になりやすいことを思い知りましたが、この南極にも石油をはじめとする天然資

図G：各国が主張している南極における領有権

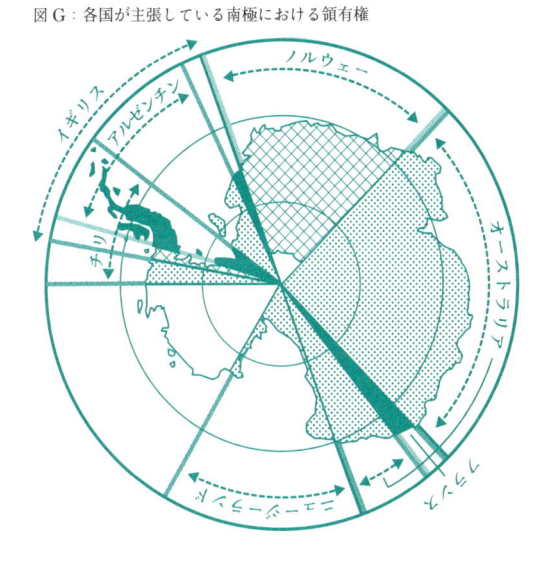

源が近海に存在しているのです。その他にも、南極という特殊な環境下における魚類や微生物などの生物資源が、研究対象や商業対象として魅力的だ、と教わりました。実際、イギリスやオーストラリアなどいくつかの国は、南極大陸自体の領有権ではないものの、近海の大陸棚の領有や調査を求めはじめています。

　新聞やテレビなどではあまり目にしない、耳にしないことですが、フロンティアには「争点」の「芽」があることが分かります。

　南極を忘れていたことは本当に迂闊でした。南極ばかりではありません。地図・地理上にはもう、見て分かるようなフロンティアは存在していない。くまなく見た。あとは仮想的・潜在的なフロンティアを考えるのみ、と思っていましたが、それは世界地図だけを見ていた浅慮と言うべきでした。

　というのは、「宇宙」の存在です。

　世界地図を離れて、地球儀を通じて地図・地理と向き合ってみると宇宙の存在がはっきり意識されてきます。宇宙こそ、まさにフロンティアそのものです。宇宙はアメリカ、ロシアが主役だった領域ですが、中国やインドが台頭、両国とも独自のロケット打ち上げ技術を持ち、中国は2008年には宇宙遊泳にも成功しています。この宇宙にも、やがていつの日か（いつでしょうか、今世紀終わり頃でしょうか）、多くの「争点」が生まれるにちがいないと僕は思います。

　南極、宇宙以外に一目見て分かる（人が文字通り進出していない）フロンティアは存在しないので、次はフロンティアとなっている「分野」に目を向けたいと思います。世界地図や日本地図を眺めながら、さらにはニュースをよく見ながら、何かないか探すことにしました。普段、「争点」という思考法を携えてニュースに触れてこなかったので、すぐに思い浮かんでくるニュースがありません。だからといって闇雲に探すのも、この本の趣旨（特に目的を持たず、自由に頭の中や地図・地理の中を歩いてみる）に反しますの

で、数ヶ月、普段通り暮らしながら、ニュースに触れるたびに「争点」を思い出すようにしてみました。

思考法とはやはり意識して使ってみるもの。すると、いくつかのフロンティアを見つけることができました。

それは農作物。と聞くと、昔からあるもので、フロンティアなどと呼べないように思うかもしれませんが、いま、世界では、穀物を輸出していた国々がじわりと輸出規制を行うようになってきているのです。

現在のところ、日本にとっての穀物輸入対象国であるアメリカやカナダ、ブラジルなどはまだ規制に動いていませんが、ロシアやウクライナ、アルゼンチンや中国といった穀物の大生産国で、穀物の輸出規制が相次いでいたのです。

原因は、各国が自国内の穀物供給量を確保したいためだったり、自国内の穀物価格が高騰するのを抑えるためなのですが、このことは特に日本のように穀物自給率が低い国では死活問題、近い将来の「争点」と言えると思います。

農作物に近いものとして水もありました。そもそも僕たち人間に水は欠かせません。いま、日本では人口が減少傾向にありますが、地球規模で見ると世界人口は増加傾向にあります。人が増える分だけ使う水も増えます。けれど、水は急激に増やすことができませんし、世界各地で発展や開発が進むにつれ川は汚れ、飲用水の確保が次第に難しくなってきているのです。

2025年には世界各地で水不足に陥るという国連の予測もありました。この事実さえ初めて知ったのです。普段、国内のニュースに接し、「少子高齢化」ばかりが目にとまり、何だ、人口はどんどん減っていく一方か、と誤解していたわけです。日本をはじめとした一部の先進国で人口減少傾向にあるだけで、世界レベルで見ると人口は本当に増え続けている。こんな基本的な事実をどこかで忘れてしまっていたのです。

地図・地理を見て、フロンティアになる、なりそうな「分野」を

こまめに観察すると、将来の「争点」も発見することができます。この「分野」というスポットライトの当て方は、地図・地理以外でも有効なのです。

ビジネス上でも、フロンティアとなっている「分野」には様々な「争点」があります。僕の頭の中に残っているニュースに限っても、まだ使用が許可されていない周波数の電波帯などはまさにフロンティアでしょう。僕が働いている広告業界には大きなインパクトがあります。新たな周波数の電波帯をどの会社が使用できるかが「争点」になっています。皆さんも、ご自身に関わりのある分野でフロンティアが見つかるはずです。

4.4 「争点」の難しさ

これまで「争点」探しや、見つけた「争点」の理解に意を用いてきました。ただ、「争点」の解消については一度も考えてこなかった。「争点」をいち早く見つけたり、積極的に知っておく姿勢は僕たちの役に立ってくれそうですが、どうも傍観者でい続けるような居心地の悪さを感じます。もちろん、僕はチェチェン紛争の「争点」を解消する方法など、考えつくはずもなく、実行できるすべもないのですが…。

「争点」の解消は、短時間で思いつくものでも、容易に実行できるものでもないことだけは分かります。答えがすぐに出る類のものではないのです。答えを出すことにスピードばかり求めるのは、僕たちの知性を豊かにしてくれる姿勢ではありません（たぶん）。また、「争点」の解消の中には二次／三次的な「争点」が含まれていることも多い。

こう考えると、「争点」という思考法には限界があるように思えてなりません。別に限界があるからといって悪いわけではない。ぼんやり知っていた、見ていたものが以前よりも明確に理解できるよ

うになる、分かるようになるのは、ちゃんとした知的活動が僕たちの頭の中で行われている証拠だと捉えれば、「争点」という思考法も頭の活性化に大いに資するものです。何より、自分で「争点」を見出そうと頭を動かしているのですから。

ここで僕が最後に気づくのは、他人から、あるいは、ニュースに教えられる「現在」の「争点」だけに目を向けてはいけないということ。今たまたまテレビをつけながら書いていますが、新聞やテレビが僕たちに知らせる「争点」はとても金太郎飴的で（僕はメディアを批判するのは好きではありません。メディアはもちろん、とりあえず知っておかないといけないことを知らせてくれるからです）、1つのものに絞られがち（紙面や秒数に限りがあるから当然です）。

しかもそれらは「現在」浮かび上がっている「争点」ばかりで、将来の「争点」を教えてくれるものではありません。選挙でも政策でも世の中で起きるもめ事でも、背後にある別の「争点」や全く別の「争点」に関しては、僕たち自身が「争点」という思考法を携えて目を向けないと知ることができません。

例えば中国ビジネスにおける「現在」の「争点」については、その都度、メディアが僕たちに知らせてくれますが、中国が将来、再び混乱期に突入した場合の「争点」や、混乱期に突入するかどうかという「争点」については教えてくれません。将来の「争点」を一つひとつ機会があれば自分で吟味する姿勢を持つ方が、僕たちの知性や知識を豊かにしてくれるように思います。

ただ、こんなに重たく考えなくても、とりあえず「争点」だな、と思った地域やニュース、これから「争点」になりそうな地域やニュース・分野に目を配る。それだけで、以前よりも普段接している様々なニュースの背景をすんなりと知ることができたり、より興味を増して接することが可能となりました。また、色んな分野の本の中に潜んでいる「争点」のかけらを見つけようと考えるようになったことも、大いに有意義に違いありません。

4.4

5 宗教

深く知るとは、
バックボーンを知ること。

世界地図を見ていると、宗教分布などに出会うことがしばしばあります。ここは××教の国、こちらは××教の勢力が強い、というように。

　ただ、僕もそうなのですが、日本に住んでいると宗教を意識する機会が少ないので、世界地図や地理に触れたとき、また、地図・地理上のニュースに触れたときに出くわす宗教について、あまり知識を多く持ち合わせていません。正直に言うと、ほとんど分かっていない。いまいち実感できないことがとても多い。

　そこで、地図・地理と向き合う上で、最低限押さえておくべき宗教に関する知識を得るべく、宗教という視点から世界地図・地理を眺めてみたいと思います。そこから何かしら、思考法と呼べるものが浮かんでくるかもしれない、という淡い希望を抱きながら。

5.1 世界における宗教分布

　ここの地域はイスラム教、このあたりはキリスト教という大まかな分布については僕の頭の中になくはない。でも、そんな意識をせずに生きてきたので、まずはきちんと確認してみることにします。

　図Aが大まかな分布を示しています。ほぼ予想通りでしたが、これだけだと各国・各地域の細かい宗教事情は分かりません。こうした分類では、日本は神道や仏教と仕分けされがちですが、実態は、僕たちの生活感覚からも、無宗教の人がかなりの割合を占めているように思います。

　各国内での宗教分布まで知ると、理解が深まるのではないかと考え、データブックを見てみました。それを元に大まかに作ったグラフが図Bです（仏教は、その他に含む）。この図はとても興味深く、僕たちが勝手に抱いている予断を見事に裏切ってくれます。

　図Aを見て、まず最初に気づいたのは、北方にはあまりイスラム教が広がっていないことでした。中東で始まったため、中東を起

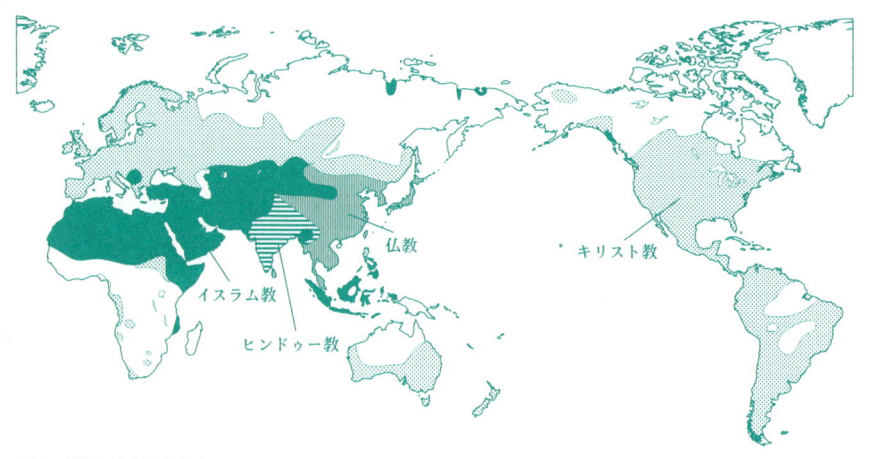

図A：世界の主な宗教分布

点にしているからだとも思いますが、調べると「なるほど」という事実に行き着きます。

　それは、イスラム教では伝統的に禁酒の教えがあるから。つまり寒冷地であまり拡大しないのは、お酒を飲めないからだと考えられるのです。実際、キエフ公国のウラジミール1世はイスラム教の導入を考えたものの、極寒のキエフでは酒がないと冬を越すのはなかなか難しいため、飲酒に寛容なギリシア正教を受容したとも伝えられています。

　図Bの元データを見て気づいたのは、社会主義国や旧社会主義国で無宗教の比率が高いこと。東アジアも無宗教の割合が高い国が多く見られます。ただ、韓国の場合はキリスト教の割合が高い。なぜなのか。これまで、韓国でキリスト教信者が多い事実は知っていましたが、歴史的経緯や理由などは調べたこともありませんでした。

　韓国にキリスト教が伝来したのは日本と同じ頃（1600年頃）ですが、その後は日本と同じように国内で弾圧を受けたり、似たような歴史を辿っています。支配層では儒教が重んじられていましたが、その反発として庶民にキリスト教が普及した面もあるようです。現在、日本よりも信者の割合が高いのは、朝鮮戦争に端を発しているのです。朝鮮戦争でアメリカの大きな支援を受けたため、ア

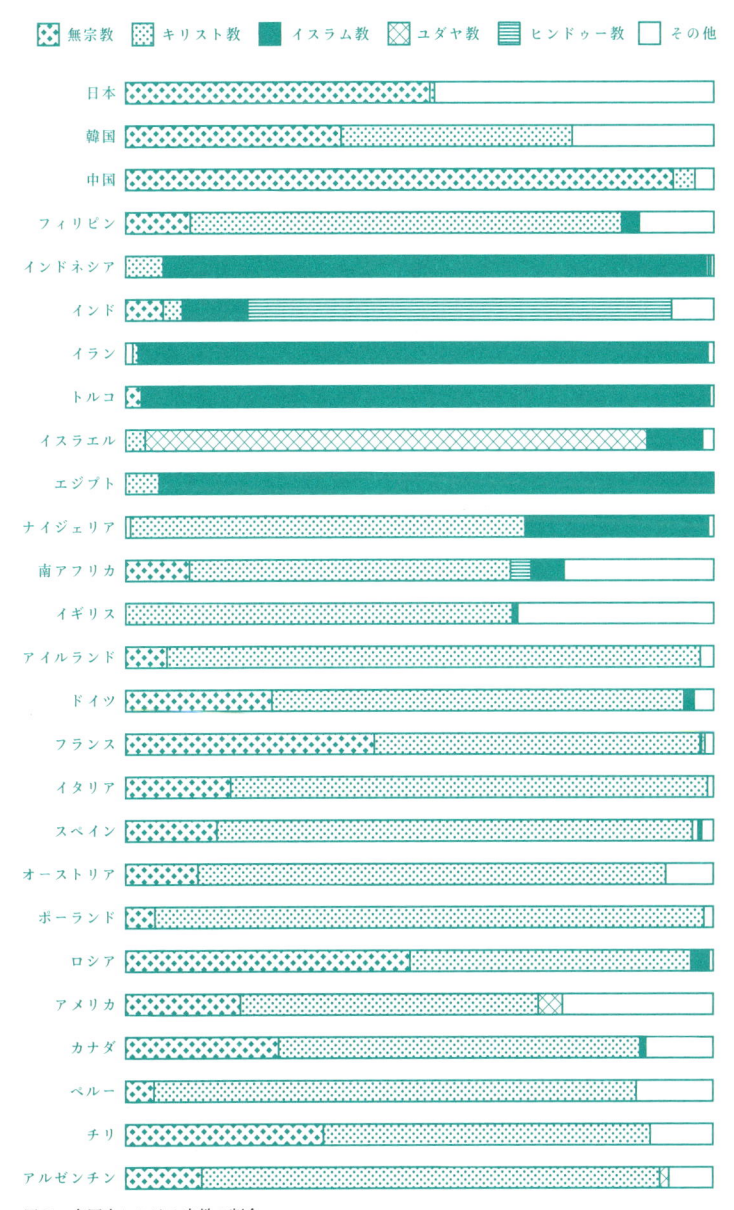

図B：各国内における宗教の割合

5.1

メリカへの好意が広がったという説や、朝鮮戦争という同じ民族、同じ言語で敵味方を判別しなければならない場面で、十字架を首にかけることでアメリカ軍から庇護を受けやすかったことが大きな要因とする説などがあります。元々、日本と同じように仏教国・儒教国だった韓国でキリスト教が増えたのは、日本と全く違う歴史的経緯を、それもごく近年辿ったからであるようです。

韓国の例1つとっても、僕はよその国の宗教事情を何も知らなかった。データブックをくわしく見てみると中国の無宗教率93％とありましたが、儒教を宗教と見なしていないからではないかと思いました。今までであれば「まあ儒教ってよく分からない宗教だし」と見限っていたところですが、分からないものは、一度向き合って調べないといけません。そこで儒教について簡単に調べてみました。すると、思わぬ発見があったのでした。

5.2 そういえば儒教って宗教？

僕は学者ではないので、細かな誤りや見解の違いなどもあるかもしれませんが、儒教を少し学んでみると以下のようなことが分かりました。

儒教には特定の神も救済の教えもありません。教会や神社・仏閣のようなものも、孔子廟くらいしか思い当たりません。ということは宗教と呼べないのではないか。だから図Bの中国の宗教分布がつくられたのかもしれません。でも、儒教は宗教だったのです。

特定の神も教えもない代わりに、儒教は「死」と深く結びついています。「身体髪膚、これを父母に受く。あえて毀傷せざるは孝の始めなり」という有名な文句がありますが、これは「孝経」が出典で、儒教の教えの1つ。自分の身体は両親の身体の一部であり、両親の身体はそのまた両親（祖父母）の一部である、との考え方です。儒教は「孝」と「礼」を大切にしており、「孝」とは自分の身

体は両親から与えられたものだから、両親、祖先を敬わないといけない。つまり、儒教は自分の先祖を神とする「宗教」だと捉えられるのです。

また「礼」とは、元来、葬式などで死者を弔(とぶら)うことで先祖へ礼を示さなければならない、という考え方。これまで僕は「礼」とは「礼儀」の「礼」だとばかり考えていましたが、そうではありませんでした。先祖を神として設定するため、各人がそれぞれ信仰すればよく、いい意味で他の宗教と比べて儒教には強制性がありません。一方、社会はいつの時代も一定のルールを必要とするので、便利なツールとして、儒教が東アジア(特に日中韓)で受け入れられていったようです。

「礼」が(僕が以前考えていたように)「礼儀」に発展していったのは自然な流れで、先祖という目上の人へ示す礼を、人間関係の序列において上位に位置する人にも示そう、振舞おうということになったためです。

東アジアの主な宗教と言えば仏教だとこれまで思っていましたが、そうではないのです。そして、仏教が葬儀を重要視するようになった(現在の日本でもお坊さんがお経を読みます)のは、元々、輪廻転生(りんねてんしょう)に興味を持っていた仏教が、社会により溶け込むためでした。

死者のことを僕たちは「ほとけさん」と呼びますが、これは仏教の考え方ではなく、先ほど述べたように儒教の考え方に基づいています。仏教における「仏」は、あくまで悟りを開いた人を指すのです。確かにその通りで、僕たちがお寺で目にする「仏」や仏陀は悟りを開いた人間であって、死者を崇うものではありません。

5.3 主な宗教の特徴を整理し直す

耳にしたことも、学校で習った覚えもある儒教でさえ、何も知らなかった、あるいは忘れていたことに気づいたので、一度、世界の

図C：主な宗教の発生地域

　主な宗教の特徴を整理してみることにしました。
　世界宗教と呼ばれるものは、主にヒンドゥー教、仏教、儒教、道教、ユダヤ教、キリスト教、イスラム教で、区分の仕方としては西洋はキリスト教、東洋はキリスト教以外の宗教というざっくりとした区分もあります。図Cを見ると、元々発生した地域によっても分けることができ、メソポタミア周辺で発生したユダヤ教、キリスト教、イスラム教とインド・中国で発生したヒンドゥー教、仏教、儒教、道教に分けられます。前者を西洋、後者を東洋とすると（位置的にはどれもアジアですが）以下の分け方ができます。

　東洋：神を崇拝しない／西洋：創造神を崇拝する

　これは学校でもよく習いました。この区分、東洋宗教（ヒンドゥー教、仏教、儒教、道教）にも神（仏や仙人など）はいますが、輪廻転生や因果応報といった宇宙的秩序を尊重する傾向が強いことからも理解できます。西洋宗教（ユダヤ教、キリスト教、イスラム教）はいずれも創造神がすべての前提になっており、神と人間が契約を結んだり、神から命令を受けたり、神に愛されたりします。また神の命令を人間に伝える預言者などがいます。
　ただ、世界宗教の大まかな基本は（にわか勉強の結果ですが）、さらに一歩進んだ区分もできます。

　東洋：知識を大切にする／西洋：行動や実践を大切にする

東洋：達人と一般人を分ける／西洋：達人も一般人もごった混ぜ
東洋：呪術の要素も残る／西洋：呪術的要素が少ない

　東洋の世界宗教は、知識の把握や瞑想などに時間を費やす傾向が強く、宗教的知識人と、一般人（大衆）に垣根ができました。これは日本の仏教でも似たような歴史があると思います（初期は著名な僧侶が中心で、念仏などが流行してから民衆の信仰を集めるようになった）。

　一方、西洋の宗教は創造神や最高神の命令を実行することが第一の目標として掲げられるため、知識に精通するより実践が重んじられます。創造神・最高神の前では、大人も子どもも、身分もなく、救いの道が開かれている。呪術に頼ることも拒否し、すべては神（や預言者・教会など）に救いの道を求めようとするものです。こんなふうに教わりました。

5.4　ニュースを宗教から読み解く

　世界に存在する様々な宗教の教義や歴史を深く学ぶのは、他の本に委ねて、ここでは地図・地理との関係に絞って宗教を考えます。
　一時期、新聞の国際面などで「アメリカの××州で進化論をめぐって対立」などという記事をよく目にしました。僕はこのニュース、そのまま放置してしまったのですが、少し調べると「宗教」と密接な関係がありました。
　ダーウィンの進化論をめぐる対立というのは、具体的には「進化論を学校で教える、教えない」の対立。なぜ、そんなことで対立するのか。進化論は科学的に正しいのだから教えればいいじゃないか、と僕たち日本人は考えますが、キリスト教を「どこまでも」信仰する「立場」からだと、そう安易に考えることができないのです。
　ここに、2章の「立場」という視点が現れていると思います。少し振り返ってみます。「立場」という思考法は、自分が普段立たな

い「立場」に立つことで、普段手にしない視界を手に入れるためのもの。では、「どこまでもキリスト教を信仰する」といったファナティックな（こんなことを言うと怒られるかもしれませんが）キリスト教の「立場」に立つと、どんな視界が獲得できるでしょうか。ファナティック（狂信的）とは、どこまでも、つまり過剰に、ということです。過剰にキリスト教を信仰すると、聖書に書いてあることはすべて真実だ、とか、キリストが復活したのも歴史的事実だ、という具合になる…。

　ここで少し立ち止まると、聖書の一番始めに書いてあることと言えば、まず「神」が何をしたか、です。聖書といっても旧約と新約があります。より古い旧約聖書の最初を思い出すと、創世記と呼ばれる、神が7日間で世界をつくり、人間をつくった、というもの。これがすべて真実だとすれば、人間は突然、発生（誕生）したことになります。いくら何でも、これはありえないと僕たちは考えます。

　けれど今、聖書を過剰に信じる「立場」に立っています。すると、ダーウィンの進化論なんて認める訳にはいきません。ダーウィンの進化論だと、人間は猿から進化したことになってしまう。神が人間を創造したという教えに背く。聖書の記述に反している。そんなものを学校で教えるべきではない。との視界を獲得できます。

　このような視界を持っている人たちが「少なくない」ことから、アメリカでは進化論をめぐる対立が発生しているのです。

　世界で最も進んだ国と思われている超大国アメリカでさえ、「宗教」をめぐる対立に悩まされていることを教えてくれます。

　アメリカとキリスト教という組み合わせについて、今まで考えたこともありませんでしたが、キリスト教はアメリカの「見えざる国教」と呼ばれています。アメリカに対して、国教などという仰々しい言葉はおろか、あまり「宗教」色を感じないように思って過ごしてきましたが、アメリカの政治風景を思い出すと納得がいきます。

　大統領が就任するときには宣誓式が行われます。ホワイトハウスを背に行われる、僕たちの頭に割と焼きついているあの景色です。

そのとき、新大統領の「手」はどこに置かれていたか。「聖書」なのです。手のひらを見せる形で片手は挙がっていますが、もう一方の手は聖書。日本の総理大臣は、お経やお札に手を置いて就任したりしません。

5.5 宗教とは心のあり方

アメリカの例や 5.2 の終わり（死者を僕たちはほとけさんと呼ぶ）からも、「宗教」とは僕たち、さらには世界中の人々の暮らし・文化のバックボーンと捉えることができます。当たり前のようですが、改めて周囲を見回すと、不思議な習俗にこと欠きません。

僕たち日本人が子どもの頃、七五三で訪れるのは神社です。お札やお守りを買ったりします。結婚式は教会や神式、仏式で行います。お葬式は多くの場合、仏教に基づいて行われます。日本人はこんなふうに、人生の折々に、それと意識することもなく、宗教に関わっているのです。

日本人は無宗教であるとよく言われますが、少し僕には疑問です。「八百万の神」というように、日本人は万物に何かが宿ると考える傾向が強く、僕自身に照らしても「この人形はさすがに捨てるとバチが当る」などと考えてしまいます。

神道か仏教かキリスト教か新興宗教か、などと区別して見るよりも、それぞれの何かを一人ひとりが持っている心のあり方を宗教と見なせばいいのではないか、と僕は考えています。ある人はAという考え方をありがたく思い、また別のある人はBという考え方をもとに怒ったりする。この思考法を「宗教」と名づけると教会や

教典、儀式など、組織や制度として捉えがちな「宗教」とは異なった、新たなものの見方が得られるのです。

　特定の××教の信者でない人たちでも、全員が「宗教」を持っていると考えてみる。僕たちは知らず知らず、一人ひとりが自分なりの宗教を信仰している、と思えてくるのです。僕なりに考えた（しかも勝手ですが）、現代日本に広がっている「宗教」があります。

A　空気教

　この「宗教」は、日本人の多くが入信している、かなりメジャーな「宗教」です。この空気教に入信している人たちは、言うことや考え、嗜好がコロコロ変わるけれど、本人としてはコロコロとも何とも思っていません。教祖はテレビをはじめとするマスメディアです（その中でも特にワイドショー）。教祖であるマスメディアが作り出す時代の空気を、大きく吸って吐く。空気が変われば、吸いこむ空気も吐き出す空気も変わっていく。そんな形態をとります。この「宗教」は一貫した教義はないものの、「時流に乗ろう」というお題目は一貫しています。

B　組織教

　習慣教、とも言い換えが可能。社会的エリートが多数入信しており、日本の場合だと××省、××銀行、××自動車、東京大学、といった世界の住人が信者です。それぞれが所属している組織がうまく機能している場合は、信者も通常の信者と変わらない生活を送っている反面、組織の硬直化がひとたび起きると、信者たちの精神にやや異常をきたす危険性を孕んでいます。そもそも、組織そのものが社会、歴史に長期間、深く根を下ろしているため、社会への適応性は高いのですが、その分、画期的な新陳代謝は起こらず、不満を持つものは別の「宗教」へと走ることもあります。この「宗教」はさらに、それぞれの組織ごとに細かく、「××省」教、「××銀行」教、「××自動車」教、東京大学教、などといった具合に細分化されますが、大きく括ると、「組織教」に集約可能です。天台宗、真言宗、浄土真宗、禅宗…などをひとつにまとめると、仏教に括れるのと同じです。

C　新興教

　A、Bのどれにも属さない、あるいは属せなかった人たちが入信している「宗教」です。名前だけ聞くと、いわゆる狭義の「宗教」、しかも新興宗教と誤解してしまいますが、違います。組織教が終身雇用・年功序列という教義を掲げる一方、働くという対価を差し出すよう要求しますが、この新興教という「宗教」は、その対価を要求しないのが特徴です。また、一部の幹部層に大きく牽引されるのも他には見られない特徴。

信仰と世の中が乖離する危険性を常に孕み、ときには革命思想へとラディカルに転轍することもあります。例えば、金が儲かるのであれば脱法行為も辞さない、といった思想がそれに当たります。

　日本人は、この3つの「宗教」のどれかを信仰している、もしくはそれに近い「心のあり方」を持っているのではないか、と僕は考えています。もちろん、これは個人的・私的な分類に過ぎません。皆さんがそれぞれ「宗教」という思考法をヒントに、周囲の方々や目にする、耳にするニュースと向き合ってみれば、また違った分類の「宗教」に出会えると思います。

　最近流行になっている「パワースポット」と呼ばれるものは、どれも宗教施設や宗教にまつわる地域です。京都や奈良、日光、伊勢、熊野…。「宗教」が観光資源になっているとの見方もできますが、門前町と呼ばれる地域が古来からあることを考えると、今に始まったことではありません。

　世界上で起きているニュース（イスラエルとアラブ諸国の対立をはじめ、9.11に至る様々なもの）を読み解く手がかりとして「宗教」が有効なことはもちろん、僕たちの身の回りのものを新たな視点から捉える手段としても、ちょっと変わったものさしを提供してくれます。意識すればそれだけ多くの発見も得られます。個人的には、宗教に対する興味が増したことも地図・地理のおかげだと、地図・地理の奥深さに今さらながら驚いてしまいます。

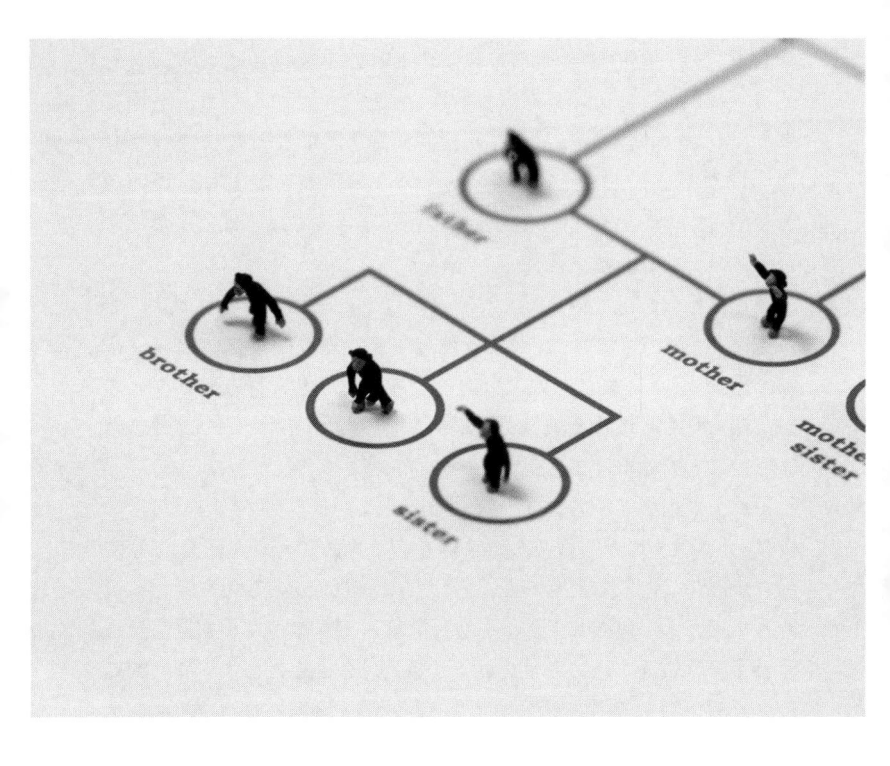

6 ルーツ

元々どこから？そしてどこへ？

「宗教」や「争点」に出会う過程で、色んな国や都市などにそれぞれ固有のルーツ、歴史、由来があることを知りました。ルーツや出自、出身に触れる・知ると興味が増したり、理解が深まります。

これは人間関係においても、「ああ、この人はこういう家庭環境で育ったから今の性格が育まれたんだなあ」とか「これが好きだっていう理由は子どもの頃のあの体験が影響しているんだなあ」というように、つきあう相手のルーツを知っているとその人に対する興味や理解が深まることと似ている気がします。

僕も、自分を振り返って、「あの出来事や体験が自分の根っこにある」と思い起こす時があります。

地図・地理に向き合う上でも、探究対象のルーツを知っていれば、理解が速く、深くなると思ったので、手探りながらいくつか見ていこうと思います。

6.1 「ルーツ」から理解するヨーロッパ

図Aはヨーロッパの地図ですが、あまり僕たち日本人にはなじみがない東ヨーロッパを見てみます。ルーマニアのルーツについて調べることにしました。

ルーマニアは英語表記だとRumaniaですが、ルーマニア語ではRomânia（読み方はロムニア）と書きます。これを「凝視」すると、「Roma」、これはローマと関係あるのではないかと思ってさらに調べると、ルーマニアのルーツは（本当に）ローマだったのです。

ルーマニアとローマの地図上の「距離」はかなり大きい。しかし、歴史上の「距離」は大きくない、むしろ小さい。ルーマニアはローマ帝国時代、属州（植民地）だったのです。

現在でもルーマニアの方々は、当時のローマ人と現地人の混血した人たちを祖先としているほか、言語が東ヨーロッパの中で唯一のラテン系言語なのです。ラテン系と聞くと、スペインやイタリアな

図A：東ヨーロッパ各国

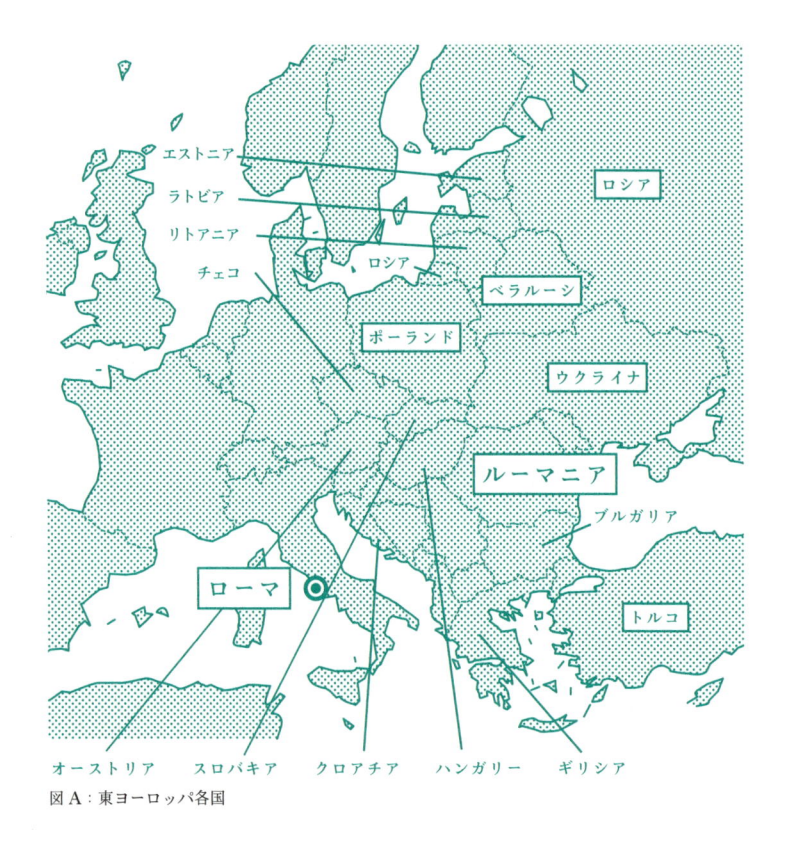

どが連想されます。のちほど、「距離」の章で触れる発想を応用すれば、言語間「距離」では、ルーマニア語とイタリア語、スペイン語、ポルトガル語などは近しい言語なのです。「太陽」はルーマニア語ではSoare（ソアレ）、イタリア語ではSole（ソーレ）と言います。「こんにちは」は、ルーマニア語でBuna ziua（ブナジウア）、イタリア語ではBuongiorno（ボンジョルノ）、と少し似ています。またルーマニア語でもイタリア語でも「家」はCasa（カーサ）です。

地図を一瞥したときには「東ヨーロッパの聞いたことがある国」くらいのイメージだったかもしれないルーマニアですが、その「ル

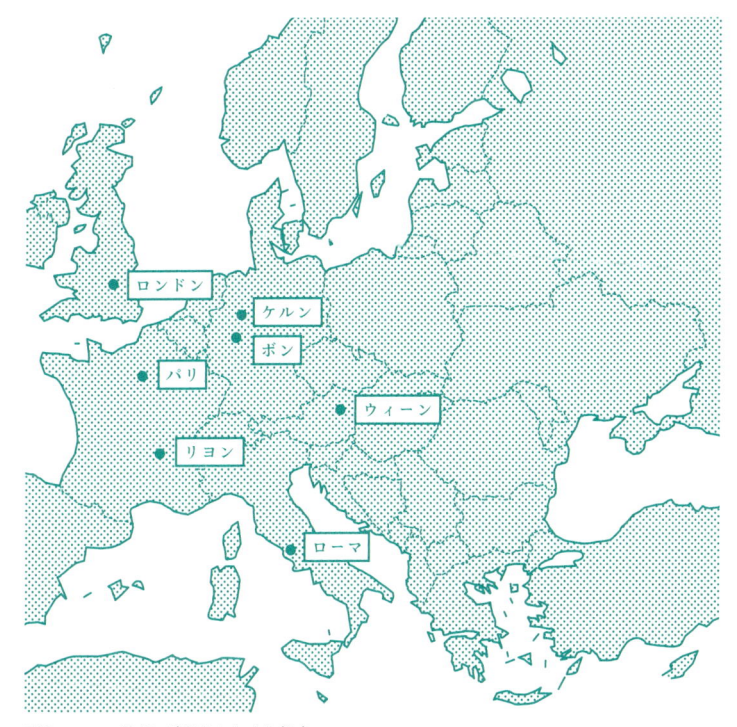

図B：ローマ時代に建設された主な都市

ーツ」を探ってみるとローマ帝国に行き着く。極東の地に住む僕にはとても意外な事実でした。

　ローマ帝国が現在のヨーロッパの、政治的・文化的な「ルーツ」になっていることは、学校の世界史などで軽く教わりました。僕たちになじみ深い都市のほとんどもローマ帝国時代に建設されています。パリ、ウィーン、ケルン、ボン、リヨン、ロンドンなどもそう。図Bはローマ帝国時代に建設された都市です。

　何となしに「凝視」すると共通点が浮かび上がってきます。それは多くの都市が内陸、海から離れた場所に位置していることです。ローマ帝国の都市が陸軍の基地を「ルーツ」とすることから理解で

6.1

きました。日本の主要都市が海沿いに集中しているのと違って、ヨーロッパの主要都市は内陸の交通の要衝に位置しているのです。日本は海洋国家であるため、輸送に便利な地が海沿い・川沿いで、ローマ帝国は大陸国家の性格が強かったため内陸に主要都市が建設された。この「ルーツ」の違いに気づくことができます。

図C：ロシアの国章

　ローマ帝国がヨーロッパの「ルーツ」であると意識するだけで、興味深い発見や知識の整理ができました。ローマ帝国を「ルーツ」とするものが他にないか、調べてみると、本当に意外な事実に出会いました。

　ロシアはローマ帝国を「ルーツ」としているのです。「している」という表現が重要な点で、厳密に「ルーツ」ではありません。ロシアとして「ルーツ」にしたいということ。図Cの紋章をご覧ください。これはロシアの国章（国旗とは異なり、国章ではないにせよ、日本の菊花紋章のようなもの）です。

　双頭の鷲と呼ばれていますが、なぜ頭が1つではなく2つなのか。このマークは元々、ローマ帝国の紋章で、頭が2つなのはローマ帝国の統治権が東洋と西洋の双方に及んでいたことを表現しているのです。ローマ（今のイタリア）とロシアと言えば、ルーマニアよりも地理上の「距離」も遠い。実際、歴史的に今のロシアはローマ帝国の版図には含まれていません。

　それにも関わらず、ロシア帝国（今のロシアの直接的なルーツにあたります）がローマ帝国の後継を自負して、ローマ帝国の紋章を国章として採用した。だから、現在のロシアも双頭の鷲を国章としているのです。

　こんな意外な「ルーツ」を知ると、ニュースの背景まで想像できることもあるのです。例えば現在のロシアが、なぜ、版図を拡大す

る「志向」を持っているか（東ヨーロッパや中央アジアに対して、資源の面・領土の面において拡大を図っています）について、ローマ帝国を「ルーツ」の1つにしていることが少なからぬ関係を持つのでは、と考えを巡らすことができる。

6.1.1 食材の「ルーツ」で見るヨーロッパ

ヨーロッパにおける国や都市の「ルーツ」の次に僕が気になったのは、食材の「ルーツ」です。たまたま休憩がてら昼食を、と考えた僕が作ろうとしたのはパスタ。ローマ帝国の首都は現在のイタリアにあります。ローマ、ローマと考えていたためか、イタリア料理が思い浮かんだのかもしれません。

オリーブを手にしたときに、これはどこが原産なのだろうか、と考えました。トマトも、どの地域が「ルーツ」なのか知りません。たまねぎも、ジャガイモもキャベツも小麦も胡椒も唐辛子も…。それら食材たちの「ルーツ」を調べてみることにしました。

いずれもヨーロッパを「ルーツ」とする食材だと思い込んでいたのは大きな間違いで、ヨーロッパ原産は何とオリーブとキャベツだけでした。小麦は西アジア、たまねぎは中央アジアを「ルーツ」とする食材。ただ、この2つはどちらも紀元前にはすでに地中海世界に到来していたので、ヨーロッパの食材と言っていいかもしれません。

トマトはアステカを征服したコルテスがメキシコから種を持ち帰った。そうしてヨーロッパにもたらされた食材です。最初は有毒とみなされ、観賞用に過ぎなかったものが、品種改良を経て、18世紀以降、やっと食用になったのです。

ジャガイモもトマトと同じく、スペイン人が新大陸から持ち込んだもので、唐辛子はコロンブスによりもたらされました。胡椒はインドを「ルーツ」とし、ヨーロッパの食卓に登場したのは大航海時代（15世紀から17世紀前半）以降だったようです。

イタリア料理は、世界中の美味しい食材をどんどんつぎ込んで出

来上がった料理なのです。

　翻って日本の食文化について考えると、しばしば言われるように、日本では世界各国のあらゆる料理を口にすることができます。イタリア料理がその後、例えば醤油やわさびを取り入れて大いに発展を遂げた、などとは聞かない訳で、その点、日本の食文化は、いまだに貪欲で素晴らしいのではないか、と僕は思いました。伝統的な食文化を大切に、という掛け声を耳にすることもありますが、あまりに伝統、伝統と言っても、新しい食文化を生み出すことはできない。さらに「ルーツ」という思考法を食文化に応用すれば、イタリア料理にしても食材の「ルーツ」は世界各地「だった」訳で、「伝統」という言葉は宙に浮いてしまうのです。大航海時代前後からの「伝統」と捉えれば今のイタリア料理は伝統を守っているかもしれませんが、ローマ時代の食事にまで遡れば「伝統」と呼んでいいのかは不明です。「ルーツ」と伝統には、言葉のイメージ以上に違いがあることがわかります。

6.2 世界各国の「ルーツ」

　一度、ヨーロッパを離れて「ルーツ」を探ることにしてみます。以前から個人的に興味があったのはマダガスカルです。名前の響きもどこか好きだし、地図を眺めていても、いつも位置や形が気になる、なぜか心惹かれる存在でした。けれど、一度も調べたことはあり

図D：マダガスカルの位置

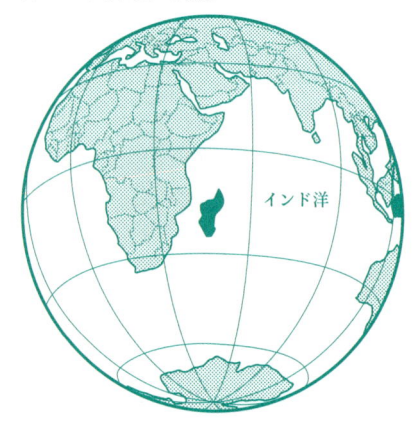

ませんでした。文化や風習はもちろん、「ルーツ」は言うもおろかです。今回初めてちゃんと調べてみると、面白い国なのです。

まず、シーラカンスの生息地として有名な島（国）です。シーラカンスは知っていましたが、マダガスカル周辺に生息しているとは知りませんでした。さらに面白いところは、何と一人当たりのコメ消費量が日本よりも多く（年間約120kg、日本は60kg弱）、水田が全土に広がっていること。写真を見ると、アジアを思わせる棚田まで見られるのです。一体どういうことなのか。

さらに調べると、まさに「ルーツ」と大いに関係があったのです。マダガスカルの「ルーツ」は何とインドネシア。インドネシア諸島からはるばるインド洋を超えて、7,000km余の「距離」にあるマダガスカルへマレー系の人々が移住してきたのです。

実際、現在の言語もマレー語と似ていることが分かっている他、人々のDNAもマレー系であるようです。

このマダガスカルの例から、他にも遠く離れた地域に「ルーツ」を持つ人々や国があるのではないか、と調べると、まだありました。図Eの太平洋に浮かぶ島国、フィジーです。フィジーに住む人々の「ルーツ」はインド。インドとフィジー、とても大きな「距離」があります。ボルネオからマダガスカルに移り住んだ人たちと違い、フィジーの人々はイギリスが労働者として連れてきました。歴史を紐解くと、もともとフィジーはイギリス人の探検家ク

図E：フィジーの位置

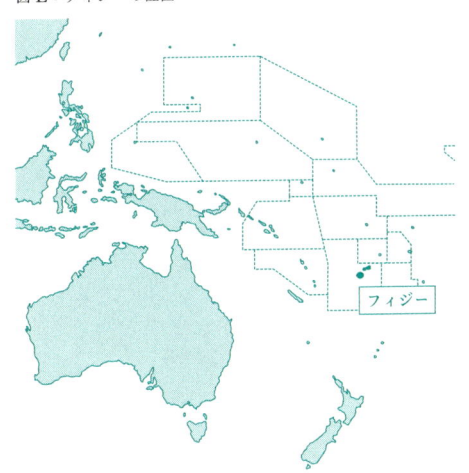

ックが上陸して以降（最初に上陸したヨーロッパ人はオランダ人のタスマン）、イギリスの植民地になり、その後、サトウキビ栽培のためにインドを植民地としていたイギリスが、多数のインド人をフィジーへと移住させたのです。ただ、このことは原住民であった（本来の）フィジー人とインド系フィジー人との対立の火種として、現在にまで影響しています。

マダガスカルにしてもフィジーにしても「ルーツ」を探るだけで、あまり知られていない興味深い事実に出会えます。

6.3 地名に潜む「ルーツ」

ヨーロッパを始め、各地、各国の「ルーツ」を調べると、新しい知識が得られ、発見に出会える。次に、僕は以前から興味があったある「ルーツ」を調べてみることにしました。珍しい名前の人に会ったとき、その由来を尋ねると面白い話を聞かせてもらえます。同じことを地図・地理上で行ってみようと思ったのです。

まず日本地図の前に、大都市以外あまり僕が知らなかったアメリカ合衆国を見てみようと思います。図Fを見ると、すぐに意外な

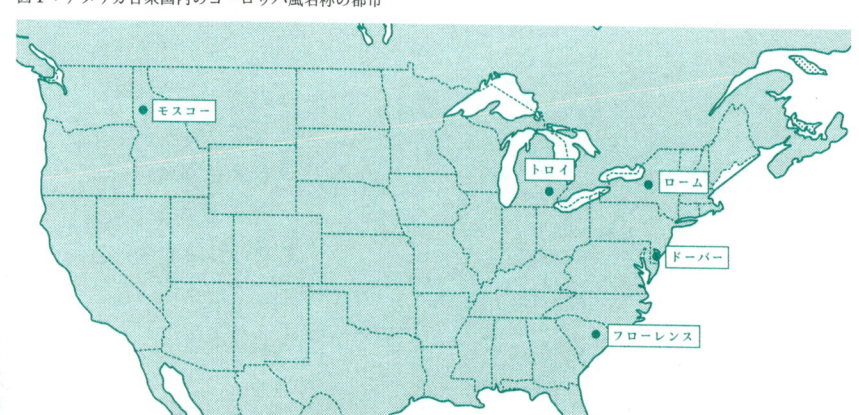

図F：アメリカ合衆国内のヨーロッパ風名称の都市

名前を多く見つけることができます。

ロームにドーバーに、モスコーにトロイにフローレンス…。ロームはローマですし、ドーバーはそのままドーバー海峡のドーバー、モスコーはモスクワ、トロイはギリシアのトロイ、フローレンスはフィレンツェです。すべてヨーロッパの都市の名前を「ルーツ」にしています（そのままです）。

一方で州の名前を思い出してみると、ヨーロッパの雰囲気を与えない名前ばかりです。アーカンソー州、アイオワ州、アイダホ州、アラスカ州、アラバマ州、アリゾナ州、イリノイ州、ウィスコンシン州、オクラホマ州、オハイオ州、カンザス州、ケンタッキー州、コネティカット州、サウスダコタ州、テキサス州、テネシー州、ネブラスカ州、ノースダコタ州、マサチューセッツ州、ミシガン州、ミシシッピ州、ミズーリ州、ミネソタ州、ユタ州、ワイオミング州…。これらの名前が何を「ルーツ」にしているか調べると、どれもインディアン（ネイティブアメリカン）の言葉を「ルーツ」としているものが多いのです。たとえば、カンザスはスー族の言葉で「南風の人々」、ミネソタはダコタ族の言葉で「乳白色の水」を意味します。

アメリカの「ルーツ」はやはりヨーロッパ。けれど地域の名前にはヨーロッパ人が辿り着く以前のアメリカの名残がある、その徴（しるし）が刻まれていることが分かります。

さて、日本です。地名は、もちろん、人の名前と同様、適当につけられている訳はなく、いずれにもしかるべき「ルーツ」があります。僕が前から知っていたのは日本史の授業で習った岐阜。岐阜は、織田信長が天下統一の拠点にふさわしい地名として、中国の岐山（周の文王がここから天下獲りを始めた地）に、同じく中国の曲阜（孔子の生誕地）を組み合わせたことが「ルーツ」です。

日本全国の有名な地名の一つひとつの「ルーツ」を洗い出すと、膨大な作業になってしまうので、知名度が高いものの、あまり知られていないものを取り上げます。

札幌	あまり日本語らしくなく、どこか外国語のような響きがあります。実際、アイヌ語で「乾いた大きな川」を意味する「サッポロペッ」が「ルーツ」であることによります。
岩手	溶岩流によって「岩」が押し「出」されたことにちなんで名づけられた岩手山が「ルーツ」でした。
渋谷	渋谷に行かれたことがある方はすぐお分かりのように、実際に「谷」になっているほか、なぜ「渋」かと言えば、狭まる地形を意味する「しぶ」、そこから「しぼんだ谷」が「ルーツ」でした。
青山（東京都港区）	「青い山」が「ルーツ」ではないかと思っている方が多いですが、間違い。僕もずっとそう思っていました。実際は、徳川家の重臣であった「青山」家の屋敷があったことが「ルーツ」です。単に青山さんのお家のあたり、という訳です。
奈良	みんな知っている地名ですが、少し考えてみると「ルーツ」が想像しにくい不思議な地名。東京、京都と並んで、日本の首都を担った都市ですが、なぜ「なら」なのか。「京」という字も使われていないし…と思いますが、都市としての奈良の「ルーツ」はもちろん平城京ですが、地名は何と、「ならす」「ならした」という言葉が「ルーツ」でした。奈良を訪れた方はご存知のように、奈良市一帯は平坦な（ならした）地形です。
堺（大阪府）	文字だけを見ていると、「ルーツ」がよく分かりませんが、ひらがなにしてみると納得がいきます。摂津、河内、和泉の３国の境界、「さかい」に位置していたことが「ルーツ」でした。
博多	九州と言えば博多、というくらい有名ですが、実は博多は博多市ではなく、福岡市にあります。そもそも博多市という市は存在しません。けれど、福岡市へ出張に行くとき、僕たちはほとんどの場合「博多へ出張に行く」と言います。「福岡へ出張に行く」と言うのを耳にしたことがない。「博多」という地名が、市名をも圧倒するほどのパワーを持っている理由は、その「ルーツ」がとても古いことにあります。なんと、平安時代から使われ出した地名なのです。名前の直接の「ルーツ」は「土地博く、物産多し」

	説や、鳥が羽を広げたような地形「羽の形」説など。「ルーツ」そのものは単純ですが、古さ、さかのぼり具合が他と比べて群を抜いている訳です。
沖縄	よく考えると不思議な名前です。沖は文字通り「沖合」の意味でしたが、縄は漁場を意味する「なは」で、併せて「沖合の漁場」という意味が「ルーツ」でした。

以上、紹介したもの以外に僕が調べている中で気になったのは、日本各地に存在する「怖い」地名です。なぜそれらに怖い地名がついているかは、「ルーツ」を探れば自然と分かりましたが、ここでは地名のご紹介だけにとどめてみます。気になった皆さんは是非、ご自身で「ルーツ」を調べてみてください。

人切山（青森県）　人首町（岩手県）　百目鬼（山形県）

鬼頭（宮城県）　血洗島（埼玉県・深谷市）

血流れ坂（神奈川県）　人喰谷（富山県）

牛殺川（石川県）　墓ノ谷（京都府）

血吸川（岡山県）　犬鳴（福岡県）　六首谷（宮崎県）

6.4 地図・地理以外で「ルーツ」を探る

「ルーツ」は知ればそれだけ雑学・蘊蓄が増えていく使いやすい思考法ですが、これを地図・地理以外に応用するとどうなるか。地図・地理だと調べればよいだけですが、例えば人間ならどうするのか。人間の「ルーツ」とは、性格や人格形成に大きな影響を及ぼしている、と直感的には理解できますが、探り当てるにはどうすればいいのでしょうか。

6.4.1 人間の「ルーツ」は簡単に分からない

ただ、このことを考える前に僕が訳もなくふと感じてしまったのは、国や地名、食材などの「ルーツ」と、人間の「ルーツ」を一緒に考えてはいけない、ということでした。「××さんのルーツは」「僕のルーツは」と言葉にしたとき、どうも居心地の悪さを感じてしまうのです。人間の「ルーツ」などと表現してしまうと、勢いあまって、その人の現在の人格や行動、能力を一刀両断に判断してしまう怖さを覚えるのです。

人間の「ルーツ」を考える場合には、正しく「ルーツ」とは何かを定義しておいた方がよいのではないか。冒頭で「つきあう人のルーツを知っていれば」と話しましたが、その「ルーツ」はあくまで出身地や世代、教育環境など、いい意味でも悪い意味でも大きく括れる概念であるべきではないか。「ルーツ、ルーツ」と言ってしまうと、人を簡単に類型化してしまう危険がある。

さて、僕たちは多くの場合、他人を理解しようとすると情報をどんどん重ね合わせてしまいます。自分に対しても他人に対しても、育った環境や学歴や交友関係や趣味など、とにかくできるだけ多くの情報を重ねていけば、その人をより正確に適切に理解できると考えてしまいがちです。僕もそうでした。ただ「ルーツ」という思考法に出会って感じたのは、なるべく「剥がしていく」ことが大切なのではないか。ルーマニアの「ルーツ」を探る際に、今のルーマニアの姿を少しずつ剥がすことでローマ帝国に至ったと思い出してもいいでしょう。

歩きながらこんなことを考えていると、僕たちの「ルーツ」は、直線的に現在の僕たちにつながっているものではなく、「これだ」と言い当てられるものでもなく、地層のよ

うに積み重なっているものではないか、と思われてきました。色んな年齢・時間・場所・出来事などの「ルーツ」が何層にも重なってできているのが、現在の僕たちではないかと思ったのです。その層を一枚ずつ丹念に剥がしていくことでしか自分の「ルーツ」は探れないように思います（自分以外の人のことであればもちろんです）。

　すると、その中に「あ、これは苦い出来事だった」「そうそう、自分のこういった性格は、この年齢に築かれた」という具合に気づくことができる。もし、自分の現在の性格を直したい・変えたいのであれば、さらに下層にある「ルーツ」を取り出せばいいのかもしれません。表面に近い「ルーツ」の層を剥ぎとり、奥深くに眠っている「ルーツ」を取り出していく。奥深いところにある「ルーツ」ほど、平たく言えば「純粋」「ピュア」な層ではないでしょうか。

　やや抽象的すぎるのでもう少し（自分を例に）説明すると、僕は斜に構えた態度・思考をとりがちな人間です。なぜか。「ルーツ」の層を掘っていくと、小学校低学年のときのクラスや教師にぶち当たります。その層を剥がした下に隠れている、幼稚園以前の「ルーツ」の層には、また別の特殊な体験があって…となっています。

　「剥がす」ための1つの思考実験として僕が考えついたのは、あえてかなり以前の自分の、ある1日、1ヶ月を考えてみることです。例えば、1995年の僕を克明に想像すること。思い出す、のではなく、あくまで1995年以降の僕の人生は知らないことにして、1995年時点の僕の1年や1ヶ月、数日について細かく想像する。すると、今現在の僕の価値観や環境はすべてリセットされ、1995年あたりの「地層」についてぼんやり知ること、考えることができます。今現在の僕を知らない僕や、とうに忘れてしまった僕自身を思い起こすキッカケづくりにもなります。皆さんも移動の空き時間などに試してみてください。

　人それぞれ歩んできた歴史が全く異なるように、誰一人として同じ「ルーツ」の層が形成されることはありません。ただ、「ルーツ」が降り積もって、現在の自分になっている形式は共通しているので

す。丹念に追う、というより丁寧に剥がしていく作業こそ、「ルーツ」という思考法を携えて人間を考える際には必要だと思います。

6.4.2 県民性は「ルーツ」か

　少し概念に頼りすぎたかもしれません。人間の「ルーツ」はゆるい括りで考えた方がよいのではないか、特に出身地や学校文化くらいが丁度いいのではないか、と言いました。出身地のような大きな（決定論的傾向のある）括りで「ルーツ」を捉えることは、人を一刀両断、断定してしまう面もありますが、逆に大きな括りだからこそ当てはまっても当てはまらなくても、誰も悪い気がしないのではないでしょうか。血液型判定や星座占いを見たときに、「なんか違うな」と思っても、特別に腹を立てる気にならないのと同断です。

　出身地と言えば、県民性という言葉を耳にされるかと思います。テレビでも本でもよく取り上げられています。果たして、出身地／県民性という大きな括りは本当に有効なのか。占いや血液型判定と似て、突きつけられると「確かに当っているような気もする」と感じてしまうものです。

　県民性に関する情報のうち、いくつか興味深かったものを整理してご紹介したいと思います。僕の考えでは、1都1道2府43県、すなわち47の分類は、誕生日別占いよりは分類数が少ないものの、12星座や4血液型よりも数が多いので、照らし合わせたり、調べる興味がわいてきます。ふと思うのは、なぜ「出身都道府県別占い」のようなものがないのでしょう…。

北海道　　　　面積の巨大さと、歴史がまだ浅いせいで（といっても、大昔から人は生活していたわけですが）、アメリカと北海道は似ている、とよく言われます。やはり大陸的というか、大らかな性格の人が多いようです。また、転入率も転出率も全国最下位。つまり、北海道から出て行く人も、北海道へ移ってくる人も少ないのです。本州のことを「内地」と呼ぶのもなずけます。

秋田県	気質は意外にもバブリー。これは江戸時代、上方（京都・大阪）と交易していた名残りと言われます。
山形県	人々の気質としては、共働き率が全国一というデータからも働き者。「おしん」の舞台と聞けば、とても納得がいきます。
群馬県	県民性とは少し逸れるかもしれませんが、ギャンブルが豊富な県。2004年に高崎競馬がなくなるまで、競馬・オート・競輪・競艇がすべて揃っている数少ない県でした。これは、江戸時代から宿場や温泉が多く、そのため博打が盛んだったことが「ルーツ」にあります。郷土愛が旺盛で、たいへん陽気だと言われます。クルマ好きな人が多く、一世帯あたりの保有台数は日本一。
山梨県	人は石垣、人は城。という武田信玄の言葉に象徴されるように、人々の気質は山に囲まれた地勢もあり、仲間意識が強いと言われます。また興味深いデータとして、山が多いせいか花粉症にかかっている人の割合が他県に比べて多いとあります。
富山県	持ち家比率が日本一である他、貯蓄率が高く、働き者が多いと言われています。浪費家が少なく、進学率も高いことから堅実な県民性が窺えます。持ち家比率の高い理由は、県全体で転入率も転出率も低いことが一因かもしれません。
静岡県	東西に長く伸びている地形のせいか、県民の帰属意識も結構バラバラで、大きくは、伊豆、駿河、遠江の3つの地域に分かれます。愛知に近い遠江は気質も愛知に近く、商売っ気があり、それ以外の地方の人は大らかでのんき、と言われています。「ちびまる子ちゃん」をご存知でしょうか？　あの「ちびまる子ちゃん」のお父さんの性格は、静岡県民の気質をよく表しているようです。（静岡県の事例から分かるのは、各都道府県もひと括りにできないということ。同一県内でも地域によって県民性に違いがあります。「ルーツ」とひと括りにすることの危険性がわかります。）
奈良県	気候温暖で災害も少なく、自殺率も低い上に、進学率も高い、とても住みやすくのんびりした県のようです。アルコール消費量やパチンコ店の数が非常に少ないらしく、大らかな気質です。海がないの

6.4.2

	で一見、暗い県だと思いがちですが、違いますね。山や丘に囲まれ、俗世間の雑音が届かないことのメリットかもしれません。
徳島県	四国の中の一県とイメージしますが、徳島県（阿波(あわ)）は昔から大阪との結びつきが強く、言葉も関西の影響が強い。京都弁に近いでしょうか。隣の香川県・高知県とは四国山脈に阻まれ、大阪や和歌山方面との交流・交易が盛んになったためといいます。阿波踊りのイメージが強いものの、勤勉で働き者が多いと聞きます。
鳥取県	鳥取県は都道府県別人口が最も少ない県（約60万人）。なぜ人口が少ないかと言えば、そもそも平地が少なく山が多い。また、海もあるため雨が多く、日照時間も比較的短い（山の陰に隠れやすく）。そのため県民性は忍耐力があり勤勉実直とされます。
鹿児島県	西郷さんのイメージから、県民性も西郷隆盛を髣髴とさせるのか、調べてみました。予想にたがわず、口数も少なく行動で自分を示す傾向が強いとありました。徳川時代、薩摩藩が鎖国と似た制度を採用しており、他藩との交流や往来に厳しかったことと関係があるようです。愛郷心が強く、やや排他的とも言われています。

　以上、県民性のうち、僕が個人的に興味を持ったものをご紹介しました。

　これらを見返してみると、地理・地形や歴史など、はっきり「ルーツ」に起因すると言えそうなものや、数字上のデータなどから多少の裏づけのあるものに興味が惹かれました。しかし、それでも血液型や星占いとほとんど変わらないものです。リンクしているものが、血液型や星の運行ではなく、歴史や地理・地形由来のものの方が、どこか安心感があったのかとも思います。

6.5 補足：「ルーツ」に対する僕の個人的興味

　前節では地図・地理から離れ、人の「ルーツ」を材料にしてみま

した。県民性に至って、地図・地理と密接な関係のあるものに回帰した。地図・地理から始まって、地図・地理に戻ったわけです。これで十分かと思いましたが、僕は他の人が考えたアイデアや発想の「ルーツ」がたいへん気になる（仕事柄）。広告のコピーや企画を考えないといけないからでしょう。最後に補足という形で、アイデアや発想の「ルーツ」について少し考えてみたいと思います。

アイデアを生み出したり、発想しようとする際、その「ルーツ」は自分以外にあり得ないのではないか、というのが僕の考えです。ここで「ルーツ」とは、アイデアの「ネタ」や発想の出発点ほどの意味です。

もちろん、世間の出来事や自分が偶然興味を持ったものに「ルーツ」があるとも考えられますが、それらも、一度、自分の中を通過してアイデアや発想へ変わっていくので、自分自身を「ルーツ」と言ってよいと思うのです。世の中や他人やモノ・コトを自分の（頭の）中へ取り込み、濾過されたものがアイデアや発想の「ルーツ」になると思うのです。

アイデアが枯渇したり、何一つ発想できなくなることが時折訪れます（よくあるか…）。そんなとき、いつも「ルーツ」が気になってしまいます。アイデア、発想の湧出する場所、その成り立ちが頭の中を占めるようになる。自分はいつも自分の（頭の）中のどんなものを「ルーツ」としてものを考えようとしていたのか。

僕が自分の仕事のスタイルを見直して気づくのは、発想法が2つの系列に分かれていることです。まず、自分がどことなくアイデアや発想の「ルーツ」であると知っている（なじみある）ものたちを素材に、順列・組み合わせを行い、そこからアイデアや発想を抽出する方法。2つめは、「こういう問題を解決するにはこういう知見を使えばいい」と、あらかじめ頭の中に用意してあるものを使って対応する方法。僕の発想法はこの2つに分けられそうだと思います。何一つアイデアが出てこない場合は、この2つがともに機能不全に陥っていることを示します。

6.5

けれど、僕が「ルーツ」という思考法に出会ってから決めたのは、ここで投げ出してはいけないということ。アイデアや発想の「ルーツ」は自分の中にしかないのですから、闇雲に資料を探したり、どこかにヒントがないか悩むより、まず自分の頭の中にある、「使い物にならなさそうな考え」を年末大掃除のように取り出すのです。メモやノートに走り書きしてあったものや、自分が昔、本に線を引いた箇所などを見たりします。どれも今考えないといけないアイデアや発想とは何の関係もなく、がらくたばかりに最初は見えますが、そんな中から少なからず「これは使えるかもしれない」と感じるものが見つかったりします。

すると、一度停止していた自分の頭が新たな「燃料」を手にして、再び（徐々に）走り始めることがあるのです。皆さんも仕事や日常生活で、切羽つまって突然、パッと視界が開けることがあると思います。そんなときは、皆さんの頭が新たな「燃料」へと転換しているのです。しかも、それは自分が知らず片隅に追いやっていたものが「燃料」に変わった、という場合だと思います。

僕は、アイデアや発想という世界では、「無駄なもの」など何一つない、と考えるようになりました。何の役にも立たなさそうだけど、これは訳もなく気になる、どこか面白い、時には自分にはよく分からないものまですべて、自分の頭の中にとりあえず取り込んでおけば、いつか再利用できる日が来ないとも限らない。

アイデアや発想の「ルーツ」とは何か、少しだけ仕事に関わりのある話をしてみました。

では、また地図に戻って新たな思考法を探すことにしましょう。

7 ストーリー

物語ることで記憶は強まる。

「ルーツ」という思考法に出会い、使っていく中で、僕はあることに気づきました。ルーマニアの「ルーツ」を調べる中で、歴史や文化や言語についての発見を得ました。様々な「ルーツ」を背景に現在のルーマニアができているのだ、と。一言で言うとルーマニアの「ストーリー」を理解した訳です。「ストーリー」と考えれば、6章（ルーツ）で知ったのは、ロシアの「ストーリー」、マダガスカルの「ストーリー」、フィジーの「ストーリー」とも言える。

　誰かと知り合うとは、その人の「ルーツ」を知ると同時にその人に関する「ストーリー」を知ることにもなる（こちらのルーツやストーリーを知ってもらうことと同時に生じます）。その人の所属や肩書き、身長、性格などを単なる情報や指標として覚えるのではなく、その人にまつわる「ストーリー」としてつかめれば、その人の存在感と記憶が鮮明になるでしょう。

　地図・地理においても同じはず。「ルーツ」という思考法やその他の思考法、またふとしたキッカケで「ストーリー」を知ることになれば、向き合っているものがより鮮やかに記憶される。

　記憶を助けてくれる思考法、それが「ストーリー」なのではないか、と僕は思います。

　さて名づけてみたはいいですが、実際に使いこなしたり、応用可能かどうかを検証しなければなりません。

7.1 エルサレムの「ストーリー」

　地図・地理上の、国、地域、街、駅、道などと向き合うときに、それらのデータ（数字、特産物、年号…）だけを見てすまさず、「ストーリー」をつかむことができれば、記憶が容易になり、理解が深まるのではないか。これまでの思考法を動員してもよいでしょう。「ストーリー」把握に役立つはずです。

　具体的にどうすれば「ストーリー」をつかまえられるか、「ストー

リー」を知れば実際にどのように記憶が深まるか、考えてみます。

図Aはイスラエルの首都エルサレムです。この都市を取り上げたのは、歴史が長く、現在も複雑な政治情勢が絡まり合っているので、「ストーリー」が豊富そうだと考えたからです。

図A：イスラエルの首都エルサレム

エルサレムはこんな風に描かれます。

- 人口：73万人
- 標高800mの小高い丘の上に位置する。
- イスラエルとパレスチナの間で、領土問題を含め、エルサレムの扱いについても係争中。

新聞の囲み記事や本の注釈などでエルサレムの短い紹介は、こんなものでしょう。しかし、これだけではエルサレムを理解することもできないし、そもそも記憶に残らない。通り一遍の知識、表面をなでて終わっただけ。そこで、エルサレムの「ストーリー」を探ってみたいと思います。

どうするか。「ルーツ」という思考法に触れたばかりなので、「ルーツ」を使ってみます。エルサレムの「ストーリー」を、エルサレムの「ルーツ」から知るのです。エルサレムの、都市としての直接的「ルーツ」は、ダビデ王がイスラエルの12部族を統一し、首都に定めたことに始まります。その後、エルサレムは新バビロニアやペルシア、そしてローマの占領下に置かれます。ローマの占領下にあった頃、キリストが誕生し、エルサレムにあったゴルゴタの丘で処刑されました。と、ここから現在までの歴史は長くなるので割愛

します。とにかく、「ルーツ」を辿ると、ダビデ王の時代にまで遡ります。

次に、「イスラエルとパレスチナの間でその扱いをめぐり係争中」という先の説明は、エルサレムという都市に「争点」が存在していることを示しています。これは実は、4章（争点）で学んだヨルダン川西岸と同じ「争点」です。ヨルダン川西岸がイスラエル、パレスチナどちらの領土か。それが「争点」になっていたように、エルサレムもイスラエル、パレスチナのどちらに帰属するのかが「争点」になっているのです。その原因は、やはり「宗教」と民族問題です。

先ほどの説明の中に、「イスラエルとパレスチナの間で…」とありました。ユダヤ人の王国の首都としてエルサレムの歴史が始まったのですから、エルサレムはユダヤ人の国に帰属するのが当然と思われる方もあるかもしれない。しかし、先ほど僕が省略してしまった（イエスの死から現在までの約2,000年間の）長い長い歴史の中に「争点」の原因がありました。

実はローマ帝国の占領以降、ユダヤ人による国家は今のイスラエルの地域には築かれなかったのです。そればかりか、ローマ帝国がユダヤ人を徹底的に弾圧したために、ディアスポラ（離散）と呼ばれる、ユダヤ人が世界中へ散らばってしまう事態が引き起こされました。その後、ユダヤ人の国であるイスラエルが建設されたのは、何と第二次大戦後の1948年。ユダヤ人が離散していた、この1,800年余りの間、今のイスラエルの地に主に住んでいたのがパレスチナ人です。

パレスチナ人たちにとっては、1,800年もの間、世界に散らばっていたユダヤ人に戻ってこられて、突然、「ここに国をつくる」と言われたのに近い状況に遭遇した訳です。もちろん、ユダヤ人からすれば、大昔ではあれ自分たちが住んでいた土地ですし、しかも、イギリスのお墨付きも得ていたので（イギリスはパレスチナ人にもパレスチナ人による国家建設を認める、というとんでもない二枚舌外

交を行っていたのですが)、再びユダヤ人国家を建設しようとしたのも十分理解できます。

このような、複雑にからまりあう「ストーリー」が、エルサレムにはあったのです。現在も解決の見通しの得られない、たいへん困難な民族対立を知ると、さすがに少し疲れてしまいました。ただ断片的なデータを見せられたり、文脈もわからない写真を見せられるよりも、エルサレムに刻印されている記憶に触れ、理解が深まったように思います。

図B：エルサレムにある「嘆きの壁」

こんな、エルサレムの「ストーリー」を知った上で、有名なエルサレムの「嘆きの壁」の写真（図B）を見ると、「ストーリー」を知る前と比べて、頭や心の中に湧き上がる思いが少し違うように僕は感じました。教科書で単語として「嘆きの壁」を知ったときよりも、「ストーリー」を知った後でこの写真を見た方が、悲しく深く困難な歴史が心に刻まれるようではないでしょうか。

7.2 道案内にも有効な「ストーリー」

日常よく目にする類の地図でも「ストーリー」という思考法は有効なのか、検証したくなりました。ある日、僕は何気なしに図Cの地図を眺めていました。地図を前にして「ストーリー」を使うとは一体どういうことなのだろう。そもそも使えるのだろうか…。ひたすら眺めていて気づいたのは、僕たちは人に道案内する場合、「ストーリー」をからめている、ということです。例えば、有楽町駅から

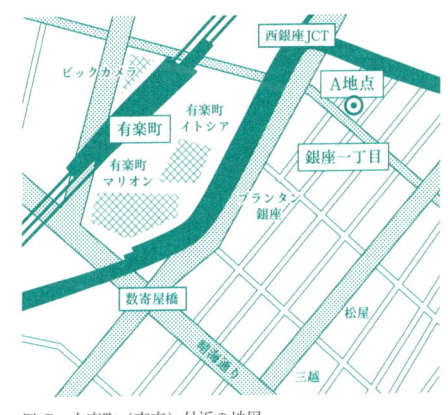

A地点までのルートを示す際、何か適当な「目印」を選んで案内してもいい。ただ、この時に地図だけでは分かりづらいことを、「ストーリー」を補いながら説明するとスムーズに案内することができます。図Cに戻ると、プランタン銀座という「目印」を使う場合に

図C：有楽町（東京）付近の地図

も、ただ「プランタン銀座の角を北側へ曲がる」と案内するのではなく、「ストーリー」を持ち込んでみると以下のようになります。

「プランタン銀座の角には、いつも赤い帽子をかぶった店員さんが2人ほどいる花屋があって、そこに少し行列が出来ている。その角を北側へ曲がる。曲がった方角が正しければ、その先にはまた行列が見えるはず。その行列の大部分は男性で、女性はあまり見かけない。手に整理券のようなものを持って並んでいると思う」

もちろん、こうやって道案内に「ストーリー」を持ち込むには、その界隈についてかなりの情報をもっていなければ不可能です。でも、「ストーリー」もさまざま。ちょっとした工夫で可能だと思います。たとえば、「とにかく酒屋が多い通りなんだけど、その通りが終わったあたりにコンビニが必ず見つかるから」「たまたま昨日ニュースで見たんだけど、あそこの角に前衛的？いや僕には奇抜な外壁をしたケーキ屋があるから、見逃さないと思う」など、自分なりの勝手ながら楽しくもある道案内などはどうでしょうか。「角」や「通り」や「目印」「方角」といったものへ、自分の知っている「ストーリー」、自分ならではの「ストーリー」を織り込めば、道案内も一新されるはずです。

7.2

7.3 「ストーリー」の奥へ奥へ

　エルサレムと道案内、全くレベルが異なる事例から「ストーリー」という思考法をさぐってみました。冒頭に述べたように「記憶を助けてくれる」効果は明らかでしょう。ただ僕が学んだのは、「ストーリー」はただ知っているだけでなく、「語る」ことでより効用を発揮する。自分の頭の中に、また他の人の頭の中に吸収されやすくなる。人に何かを話し伝えることで、その話した内容も忘れにくくなります。逆に人に話さなかったことは、本の話題でも映画の内容でも、いつのまにか忘れてしまっていることに気づきます。アウトプットしないと効果は半減するようです。「ストーリー」とはその名の通り「語る」もの、語ってこそ血肉化されるものではないかと思うのです。

　ただ、「ストーリー」そのものの作り方や話し方となると、僕はあまり自信がありません。「ストーリー」の大切さや便利さはよく分かったのですが、実際に誰かに話す・語る際に有意義に、また効率的に行うにはどうすればいいのか。ここをしっかり深く考えれば、「ストーリー」という思考法が厚みを増すのではないかと思うので、別の視点から考えてみたいと思います。

7.3.1 「ストーリー」はテーマの引き出し方から

　そもそも「ストーリー」とは一体何なのでしょうか。「ストーリー」を語る、とはまず自分の頭の中からいくつかの「テーマ」（目次と言ってもいいかもしれません）を引っ張り出すことではないでしょうか。頭の中に数多くあるテーマ（目次）の中から今日は、この人に、このテーマに基づいた「ストーリー」を話そう…、意識的にか無意識的にかはともかく、僕たちはそう決めています。

　では、どうやってテーマを引き出してくるのか。頭の中には無限

とも言える多くのテーマがあります。頭の中を書店や書庫に喩えると、無数の棚に無数の本（テーマ）が置かれている風景が浮かんできます。ただ、この棚からどんなテーマを引き出してくるか、人によって分かれ、それこそが「ストーリー」の方向性を決定づけているのです。

　そこで、ちょっと気が引けますが（どうしてでしょう。観察しないといけないからでしょうか）、僕の身近な人たちのテーマの引き出し方のクセを細かく観察し、注意を払って分析することにしました。最初に気づいたタイプは、引っ張り出してくるテーマがバラバラで、時折、自分流に大げさに肉付けして「ストーリー」を語るタイプ。「ストーリー」が様々に脱線したり、ちょっと大げさな演出が「ストーリー」に入ってしまうタイプです。僕の祖母がこのタイプにあたり、高齢者と言うと不適切かもしれませんが、老人タイプと名づけてみました。

　次に気づいたのは、自分の頭の中に存在する、主に知識の棚からテーマを次々と取り出してくる人。このタイプは自分で勝手に「ストーリー」を膨らまさず、あくまで自分が知っている「知識」に基づいた「ストーリー」を展開する傾向が強い。喩えるなら、図書館司書タイプです。

　これに少し似たタイプで、引っ張り出してきた複数のテーマ同士の関係性、論理性が気になって仕方がない人がいます。自分の語っている「ストーリー」を、自分自身でも「ん？　理屈あってるよな？」とか「ん？　本当にそうだっけ？」という具合に自問自答している印象があります。もちろん、他人が語っている「ストーリー」の論理展開に対しても敏感です。これは学者タイプと呼べるでしょうか。

　最後に発見したのは、テーマを引き出してくる基準がお金である人。話している・語っている「ストーリー」のほとんどが金にまつわるものか、結論が金についての「ストーリー」になってしまうタイプです。ふむふむ、とこちらが興味深く聞いていると、結局最後はお金に帰着するの？と言いたくなる人たちです。資本家タイプと

7.3.1

名づけます。

　大きくは、大体、この4つのタイプに分けられると思っています（個人的なものです、もちろん）。皆さんも一度、観察してみてはいかがですか。僕は大別すれば、（縁側に佇む）老人タイプだと勝手に考えています。

7.3.2 「ストーリー」のジャンル

　「ストーリー」を深く考えるのはとても面白い。頭の中を元気に歩き回る感覚とでも言うか、そんな気分になってきます。

　「ストーリー」、とくにテーマの引き出し方がわかると、芋づる式に、「ストーリー」のジャンルにも気づくようになりました。これも身近な人たちを観察した結果なので、やはり少し気が重い。「テーマ」は無数ですが、ジャンルは以下の分類が適切でしょうか。

表向きの話	結婚式のスピーチ（いわゆる形式的挨拶）や上司への報告などがこれに当たります。ネガティブな言葉を使うと、上っ面の話です。
演出・脚色が多い話	これは虚実入り交じった話や、井戸端会議に代表されます。次々に話題が広がって収拾がつかなくなる。
体験談	これは、自分の体験や誰かと一緒の体験を語るもの。要約しにくく、ランダムに次から次にテーマが変わります。
噂やニュース	これは人から聞いたもの、もしくは他人の受け売りが主なものです。
家族・会社・社会で共有されている歴史語り	これは、昔のエピソード、もう亡くなってしまった人、すでに存在しなくなった制度や文物を思い出して語られるものです。「いやぁ、30年前は今と違って…」「××という人がいてね、もう、君たちは知らないかもしれないが…」といった話です。

いかがでしょうか。皆さんが身近な人と会話するときの、自分や相手の「ストーリー」のジャンルは、これらいずれかに当てはまるでしょうか。電車の中で、あるいは待合室で、聞くとはなしに聞こえてくる赤の他人の「ストーリー」においても、ほとんどこのいずれかのジャンルに当てはまる。もちろん、1つのジャンルに限定できる場合もあれば、複数のジャンルが組み合わさっている場合もあります。

7.3.3 「ストーリー」のゴールをどこに置くか

テーマとジャンルからさらに派生して、「ストーリー」の「ゴール」があるのではないか。「ストーリー」を語る際、誰のために、何のために語るのか。記憶を保持するために、あえて「ストーリー」という形式をとることの有効性は分かった。こんなことを知らずとも僕たちは「ストーリー」を語ります。記憶を助けるため以外にも目的があるのではないか。そう考えながら身の回りの人を観察すると、ここにもいくつかのタイプがあることに気づいたのです。

(1)「ストーリー」のゴールが自分にある人がいます。自分の気分の浄化が「ストーリー」を語ることの主目的で、自分に注意を向けさせたり、賛同や忠告を求めたりします。
(2) ゴールを語る相手に置く人は、聞き手をとにかく夢中にさせることに腐心するほか、聞き手に情報を与えることが多い。
(3)「ストーリー」そのもの、つまり語ることそのものがゴールになっている人は、ただその場や集団をなごませるための「ストーリー」語りや、単なる指示・確認に終始します。

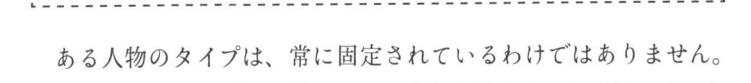

ある人物のタイプは、常に固定されているわけではありません。ただ、(1) のタイプは、話している当人は面白くても、聞いている

側はしらけることが多い。(3) のタイプは、上っ面だけで冷たい印象を持たれがちなように僕は感じます。話し好きは世の中にたくさんいますが、たいてい (1) のタイプでしょう。対して、話が面白い人は (2) のタイプ。話が好きな人、ではなく、話が面白い人、と言われるためには、なるべく (2) の人、ゴールを (自分ではなく) 相手・聞き手に置く人になりたいものだ、と僕は思います。

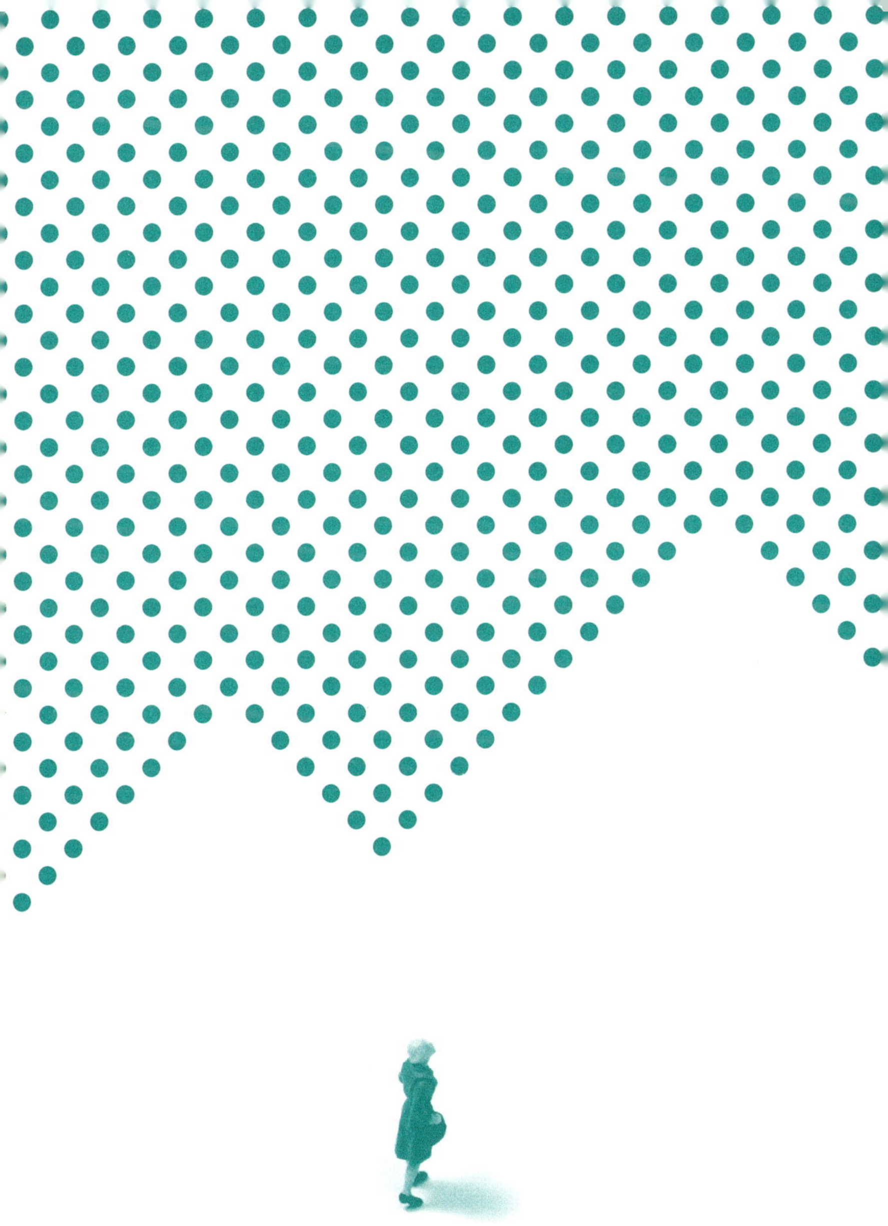

8 2位

全体まで一気に俯瞰する。

いささか地図・地理と向き合うことに疲れると、時折休憩を挟みます。リフレッシュの意味もあって、そんなときはお酒を飲むのですが、たまたまワインをもらってきたので、ワインを開けようと冷蔵庫から取り出したときのことです。ワインラベルにフランスの地図（一部）が描かれていました。

　冷たいワインの気分じゃなかったので、僕はそのワインを戻し、もう1本余っていたワインに取り替えました。どこのワインだったのか忘れたので裏を見返すと、カリフォルニア産のワインでした。ワインと言えばフランスが思い浮かぶけど、最近は色んな国のワインがある。カリフォルニアのあるアメリカ合衆国はワイン生産量ではどの程度なのだろう、と。

　地図・地理とも関係しそうな話なので、これもキッカケとばかり調べてみると、4位。1位はフランスですが、2位はイタ

図A：主なワイン生産国

リアなのです（2011年の見込）。少し意外、というか忘れておりました。そして3位はスペイン。これも意外で、言われてみればという感覚。1位はよく知っているのに、3位はおろか2位でさえあやふやだったことで、恥ずかしい気持ちになりました。

8

8.1 1位は知っているけれど

　ワイン生産量の順位をよく知らない、1位はともかく、「2位」は結構見落としがち、忘れがちであると感じたので、ワインを飲むのは少しにしておいて、世界各国の「2位」を調べることにしたのです。

　僕は学生時代、地理の勉強に熱心ではなかったので、まずは基本と言えそうな国別人口を調べました。1位が中国であることはもちろん知っていましたが、「2位」はどの国かやはりすぐに出てきません。図Bにある国だろうという予測はありましたが、どうも迷います。どれも大国で、領土も広大です。いずれが「2位」と言われても納得してしまいそうなのです。

　正解はインドでした。（常識でしょうか…。）

　1位は多くの人が知っているけれど、「2位」についてはあまり知らないのではないか。「2位」を調べるのはやり甲斐がありそうだ。どんどん地理の統計基礎データを調べていくことにしました。

　人口を調べたので、次は国土面

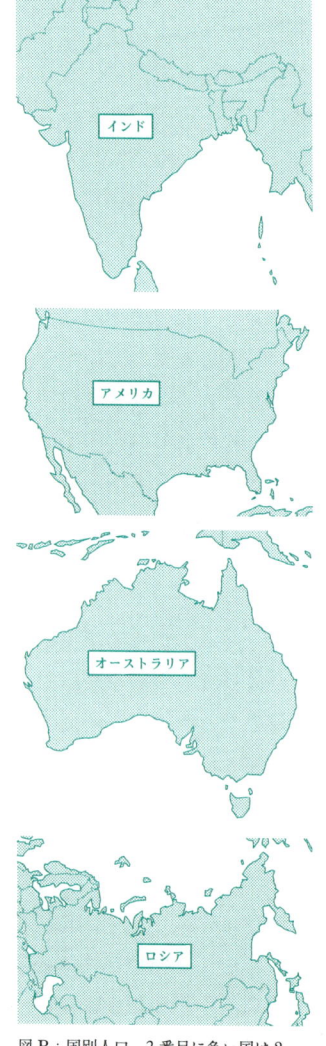

図B：国別人口、2番目に多い国は？

114　　**8** 2位

積がよさそうです。これは世界地図を頭に浮かべるだけで分かります。ロシアです。2番目の国は図Cの国々が候補になるでしょうね。悩みます。地図に慣れていないと、縮尺を正確に保って（同縮尺で）思い描くのに難儀するのです。

で、正解はカナダなのです。僕にはとても意外でした。中国かアメリカで悩んでいたのですから…。（これも常識でしょうか。）

数字で見てみますと、世界の陸地全体における各国の割合は、以下の如くです。

```
ロシア………11.5%
カナダ………6.7%
中国…………6.4~6.5%
アメリカ……6.5%
```

「2位」であるカナダと「1位」のロシアを比べると、ロシアがいかに大きいかがよく分かります。「2位」を知ることは、「1位」のものの「スケール」を体感しやすくします。

他の基礎データにあたって「2位」を調べると面白い発見

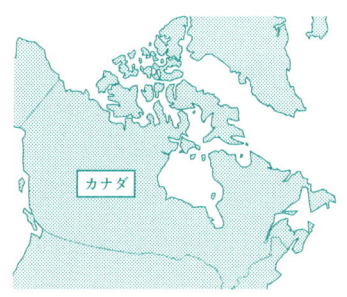

図C：国土面積、2番目に広い国は？

8.1

がいろいろありそうですが、片っ端から試す訳にもいかないので、次は国内に目を転じてみたいと思います。

8.2 日本のこともやっぱり知らない

日本地図・地理で同様の調査をしてみましょう。まず、日本で誰もが知っている1位と言えば、富士山。これも、「2位」という思考法（2位に着目することで発見を生む思考法）が使えそうで

図D：北岳の位置

す。今度も僕は2位の山を知りません。調べるとすぐに出てきますが、北岳（山梨県・南アルプス市）と言って、3,193m。

名前自体も初めて聞いた、という方はいませんか。僕もそうでした。

知らないこと、そればかりか、興味さえ向けていなかったことを思い知らせてくれるのが「2位」の視点です。他の分野に応用してみます。

いくつか調べた中からユニークなものを挙げます。

日本の地図・地理に比較的近しいものだと、国内の鉄道営業キロ数。1位は当然ながらJRですが、「2位」は近鉄。関西にお住まいの方はなるほど確かに、と実感が湧くかもしれません。大阪府・奈良県・京都府・三重県・愛知県にまたがる広い路線網を持つ鉄道会社だということは、関西圏以外の方だとあまりご存知ないかもしれません。

以下、ランダムに挙げていくと、

総理大臣在職期間は、1位は桂太郎で2,886日、「2位」が佐藤栄作の2,798日。小泉純一郎は長いように思えて1,980日で5位に留まっています。

　東京国立博物館の観客動員数は1974年のモナ・リザ展が150万人で1位、「2位」は1965年のツタンカーメン展で129万人。

　大学の学生数は1位が日本大学で約69,000人。「2位」は早稲田大学の約45,000人。

　日本映画の同一俳優による連作作品数は、1位が渥美清主演「男はつらいよ」シリーズで48作。2位は森繁久弥主演「社長」シリーズで33作。

　ジェットコースターの速度だと、1位が富士急ハイランドのドドンパで時速172km、「2位」はナガシマスパーランドのスチールドラゴン2000で時速153kmです。

　どれも1位は何となく知っていたり、聞いたことはあったかもしれませんが、2位となるとほとんどなじみがないのではないでしょうか。僕も総理大臣の「2位」以外は知りませんでした。

8.3　「2位」を知っていると話が弾む？

　ワインのラベルに描かれていたフランス地図から、「2位」という思考法に辿り着きました。「2位」は「立場」という思考法と似た感触があります。「立場」を知ったときに味わった「新たな視界の獲得」と共通のものがある。「2位」は「立場」と同じく新たな視界を与えてくれますが、しかし、少し違う点があるとすれば、言わば「とっかかり」に過ぎない感じがするのです。「2位」を知ることで、「首位」の持つスケールの大きさを改めて実感したり、「首

位」の地位の揺らぎやすさを再認識してみたり…。「2位」を知ったからには、3位のものが何か知りたくなったり…。

けれど、今まで出てきた「2位」のあれこれを思い出してみると、その分野に詳しい人であれば常識でしょう。そんなことも知らなかったのか、という声が聞こえてきそうです。逆に言えば、各分野の「2位」を知ることは、その分野に詳しい人たちと、少しだけ話をしやすくしてくれるという効能がありそうなのです。

例えば山の標高。僕が「2位」の山を知っている、知っていない、では山好きの人間と会話が弾むかどうかを左右するかもしれない。

詳しい人からすると、こちらが「2位」を知っているだけで、おっ、マニアでもないのに、ちゃんと分かっているね！ちょっとは興味あったりするんだね、と思ってもらえる（かもしれない）。けれど「1位」しか知らないとなれば、まあ普通、あくまでも「素人」として扱われてしまいます。

ここで様々なジャンルの「2位」が載っているサイトをご紹介しておきましょう。僕が偶然発見したものです。「なんでもランキング」(http://www.hyou.net/index.htm) というサイトを訪れると、多岐に渡るジャンルのランキング、「2位」を簡単に知ることができます。

8.4 「2位」のポジションを考える

「2位」という思考法は、見晴らしをよくしてくれる。同時に、「2位」はやはり僕たちの記憶に残りにくい存在であると感じざるを得ません。「2位」は「2番手」とも言い換えることができます。アメリカ第二代大統領を知っている人は非常に少なく、2番目に月を歩いた人類の名前を覚えている人もごくわずかでしょう。人の記憶に何かを残したい、残りたい場合は「1位」「1番手」でなければならない、という身も蓋もない話になってしまいますが…。

僕は企業や商品、ブランドを広告する仕事に携わっているので、

このことは普段の仕事でも痛感します。「2位」「2番手」のものは、「1位」「1番手」のものに比べて、世の中や人びとに工夫を凝らしてコミュニケーションしないと、なかなか印象を残すことができない。どうしても「1位」の影になって、存在感が薄くなってしまうのです。「1位」と「2位」の違いなどたかが知れていると思うかもしれませんが、圧倒的な差異があるものなのです。世の中は、「1位」に対しては明快なイメージを持っている一方、「2位」はよほど個性的だったり目立ったりする存在でない限り、認知されにくい。とびぬけた個性でもないと、世間は特に何も考えぬまま「1位」を選択してしまいます。

　例えば高い山に登ろうと思ったとき、とりあえず富士山に挑戦しようかな、とみんな考えるでしょう。それが自然です。「2位」の北岳に登ろう、とはあまり思わない。「2位」「2番手」の企業やブランドに仕事で関わるとき、僕はまずは「1位」「1番手」のポジションを狙います。簡単にいかない場合は、新たなカテゴリーを（こちらが）用意して、その中で「1位」に押し立てる。新たな土俵で、「1位」「1番手」のポジションを占めることを目指すわけです。

　また、逆に「2位」であることに開き直る戦略もあります。「1位」「1番手」に対してつい抱いてしまうコンプレックスや憧れ（同じような特徴・性質を備えたい、まねたい）を捨てて、「1位」「1番手」に対してどこまでもチャレンジャーとしての姿勢を持ち続ける。「1位」「1番手」に対して様々な差別化・攻撃を行うこと自体の中で、多くの人に注目されるような「2位」というポジションを築くのです。そうなれば、「3位」とは圧倒的な差がついてくるのです。

　ちょっと抽象論に走ってしまいました。僕が普段携わっている仕事の例をつかって、「2位」の独特のあり方について述べてみました。

8.4

8.5 上からだけ数えてはいけない

「2位」という思考法はこれくらいにして、そろそろ次に移ろうかな、と思っていたのですが、1つ大きなことを忘れていました。

これまでの「2位」は、すべて「上から数えた2位」ばかりでしたね。人口でも国土でも山の高さでも、すべて上位から数えて「2番目」のものばかりに目が行っていました。けれど「2位」とは何も上から数えたものばかりではありません。

ゴルフのコンペを思い出してみてください。そう、ブービーという言葉があります。最下位ではなく、下から数えての「2位」もあるのです。

国土の広さの例だと、上からの「2位」はカナダでしたが、下からの「2位」、つまり、面積が世界で2番目に小さい国は、どこでしょうか。

下からの「1位」、つまり世界最小の国はすぐに思い浮かびます。

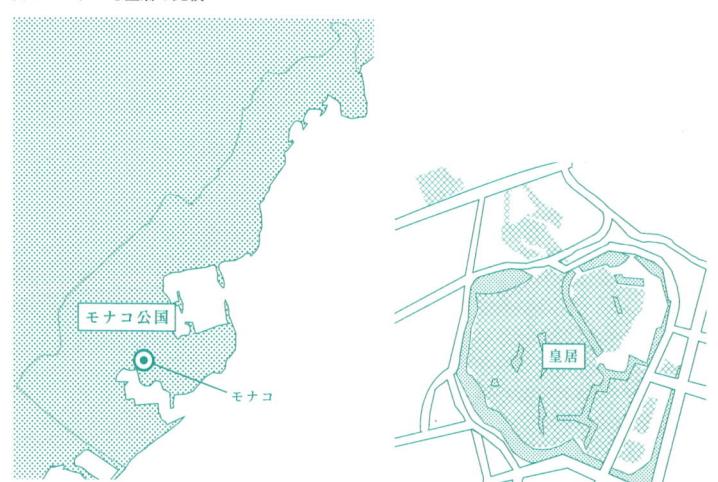

図 E：モナコと皇居の比較

バチカン市国ですね。下から数える場合でも「1位」、つまり最下位は意外に記憶に残っている。国土が「2番目」に小さい国はモナコです。モナコは南フランスとイタリアの国境付近に位置しており、F1のモナコグランプリやカジノ、グレース・ケリーなどで有名で、モナコ市をそのまま全領土とする都市国家です（世界最小面積のバチカン市国と似ていますね）。国土 $2.02 \mathrm{km}^2$ というのは、皇居が $1.42 \mathrm{km}^2$、NYのセントラルパークが $3.41 \mathrm{km}^2$ であることと比較すると、その「スケール」がよく実感できると思います（図E）。

「2位」を調べるときには、下からの「2位」も忘れないようにしたいものです。

「1位」の存在に隠れて忘れられがちなものにスポットライトを当てる思考法。地図・地理でも仕事の上でも、常に役に立つ訳じゃないけれど、何か気になる、使ってみたくなる、そんな思考法です。

9 スケール

見かけ通りと見かけ以上。

多少慣れてきたとはいえ、いまいち体感的・直感的に地図・地理を把握している気がしない。言葉で表現しにくいのですが、どうも知識はそれなりに増えているのに、こうカラダにしみ込んでいかない。何なのでしょう。

　解説書や図鑑を見ていると、そうか、これが原因かもしれない、と思うものにぶつかりました。「アメリカの面積は日本の×倍、この町とあの町は×倍の人口差がある、××湖は直径がその大きさ約×キロに及ぶ、とてつもなく巨大な…」といった数字に関する様々な記述、表現です。

　もちろん数字ですから、なるほど、数字としての知識は把握できます。しかし、数字が数字のままにとどまって、体感できていなかったのです。この感覚と似ているのが、「東京ドーム120個分！」という表現。昔だったら「丸ビル15杯分のビール（を1年間で消費した）」などと使われました。よく出会う表現ですが、いまいち分かったようで分からない。知識の上では分かった、しかし、数字が実感と結びつかない、体感できていないのです。

　地図・地理の分野でも数字を使った表現は頻出します。だからこそ、要注意なのです。少しばかり苦手意識が首をもたげてくるのですが、よしと気合いを入れて、地図・地理上の様々な数字に取り組んでみましょう。

9.1 日本の大きさはいかに

　地図を見ていて、そもそも、日本という国の大きさ（面積）が体感できていない。皆さんは、日本の大きさ、面積の広がりがピンとくるでしょうか。僕が比較的体感できるのは、新幹線で東京から大阪へ移動するときです。2時間30分あまり、ずっと車窓に流れる景色を見て、東海道の長さが少し体感できます。でも、日本全体となるとさっぱりです。そこで、日本列島と、同じ縮尺の全く別の国、

地域のものを比較してみることにしました。

図Aはアメリカの五大湖と日本列島の比較です。同じ縮尺。これを見ると、日本は思ったより大きな国なのか、あるいは小さな国なのか。図Aに続いて図Bを見てください。図Bも同じ縮尺の、日本列島とアメリカ東海岸の地図です。

A、Bを頭に入れてから、日本の国土面積は世界196カ国のうち何番目だったのか考えてみました。調べると、62番目。イメージと随分違っていました。196のうち100番に入るかどうか微妙だ、と勝手に思っていたのです。意外に上位。やはりアメリカはとてつもなく大きいし、日本列島なんて、そもそも五大湖と比較できるほど小さい。そんな程度の国土面積って…、と思っていたのです。しかし、61番目は決して小さくない。

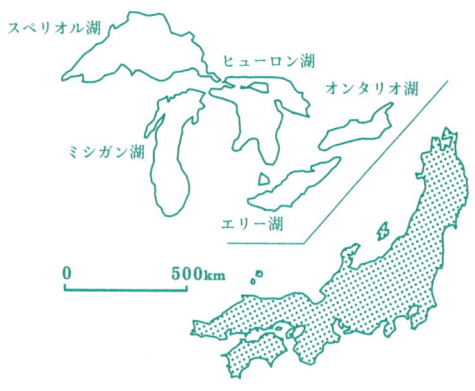

図A：五大湖と日本列島の比較

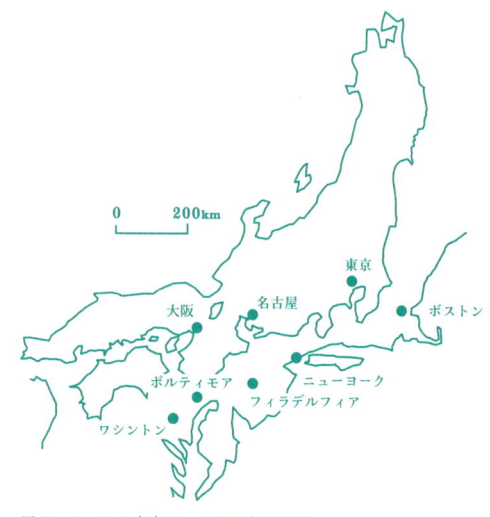

図B：アメリカ合衆国と日本列島の比較

124　　　　　　　　　　**9 スケール**

縮尺が同じ地図を使い、さらにそれを数字上のデータと照らし合わせることで、やっと日本列島の大きさが体感できました。少なくとも、相対的な大きさに手がかりができた。

　なるほど、数字を図に置き換えるのが早道か、と思った僕は、別のものと日本列島を比較することにしました。

　図Cは同じ縮尺で取り出した日本列島とナイル川です。ナイル川は6,650kmに及ぶ世界最長の河川。最長、と言えば「2位」という思考法を思い出します。ナイル川の次点にあたる川はなんだったか。やはり覚えていないので（脱線しますが）調べてみます。世界「2位」の長さを持つ河川はアマゾン川(6,516km)でした。

　さて、国土面積61位の日本列島と、世界最長のナイル川。数字や文字だけを見ていてもピンとこない、この2つを図Cのように並べれば、一目瞭然ですね。

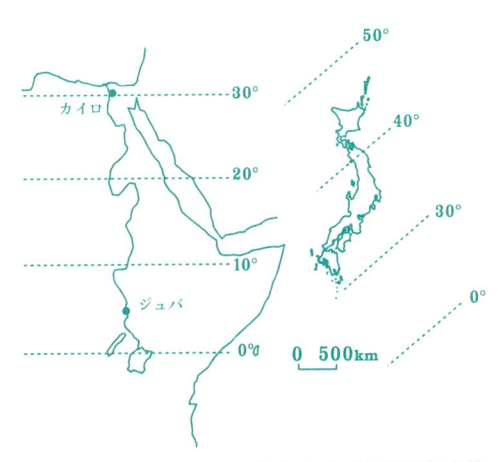

図C：ナイル川と日本列島の比較

9.2 「スケール」を体感する

　日本の国土を体感するために、「スケール」と言い換えて、新たな思考法にしようと思うのです。日本列島を体感することは、五大湖の「スケール」、アメリカ本土の「スケール」、ナイル川の「スケール」を把握することと同じです。僕が体感できなくて戸惑っていたのは、「スケール」が分かっていなかった、ということなのです。

9.2.1 日本の「スケール」は小さくない

　日本の「スケール」、そう言葉にしてみると、日本の「スケール」は何も国土だけに限らない。海にまで広げられる。各国は領土だけでなく、領海と呼ばれる海も所有している、地理の時間にそう教わったではありませんか。ここで海上における日本の広がり（つまりスケール）を調べると、図Ｄが得られます。

　領海以外に排他的経済水域と呼ばれる、他の国よりも優先的に資源（魚や石油など）の管理・開発が認められた水域があります。こ

図Ｄ：日本の排他的経済水域

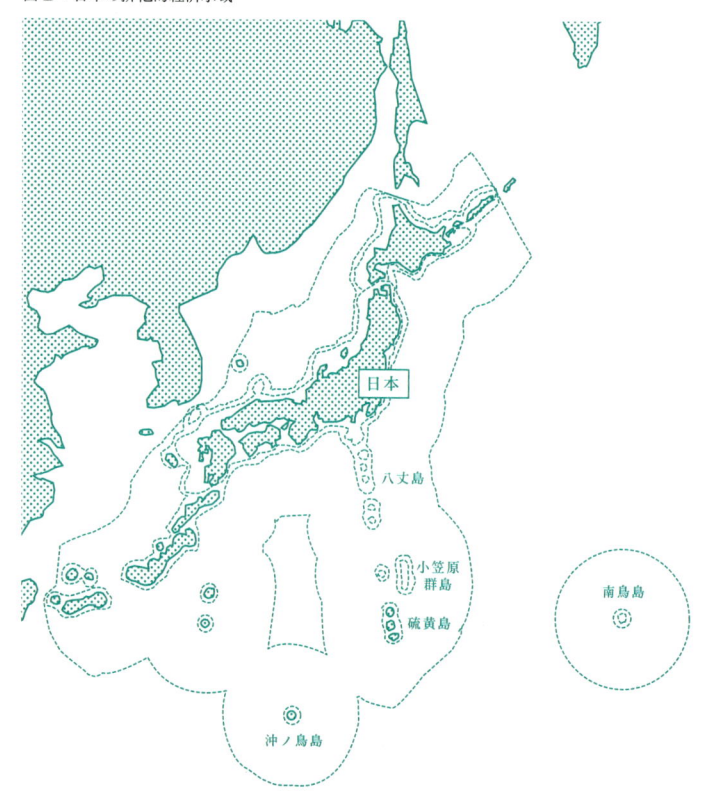

朝日出版社の本

暇と退屈の倫理学
國分功一郎
人間らしい生き方とは何か？

定価 1890 円

何をしてもいいのに、何もすることがない。
だから、没頭したい、打ち込みたい……。
でも、ほんとうに大切なのは、自分らしく、
自分だけの生き方のルールを見つけること。
気鋭のスピノザ研究者が、「3.11 以降の生き方」を問う。はつ剌と、明るく、根拠をもって「よりよい社会」を目指す論客のデビュー。

それでも、日本人は「戦争」を選んだ
加藤陽子
東京大学文学部教授

26万部突破

定価 1785 円

高校生に語る
日本近現代史の最前線。
普通のよき日本人が、
世界最高の頭脳たちが
「もう戦争しかない」と
思ったのはなぜか？

第9回 小林秀雄賞受賞

目がさめるほどおもしろかった。
こんな本がつくれるのか？
この本を読む日本人が
たくさんいるのか？
——鶴見俊輔さん（「京都新聞」書評）

被ばくの影響とは？
発がんリスクの上昇とは？
Twitter フォロワー24万人の
「東大病院放射線治療チーム」の代表が、
分かりやすくお伝えします。
——原発事故があっても人は生きていく。

放射線のひみつ

東大病院放射線科准教授
中川恵一
イラスト
寄藤文平
定価 945 円

単純な脳、複雑な「私」 池谷裕二

ため息が出るほど
巧妙な脳のシステム。
高校生たちに語る、
脳科学の「最前線」。

大絶賛！
高橋源一郎さん
内田樹さん
小飼弾さんほか

定価 1785 円

サイコパスを探せ！
「狂気」をめぐる冒険

朝日出版社の本

ジョン・ロンソン
(映画「ヤギと男と男と壁と」原作者)

古川奈々子・訳

NYタイムズベストセラー

企業や政界のトップには、「人格異常者(サイコパス)」がたくさんいる!?

そんな仮説に興味を持った、イギリスの記者ジョン・ロンソン。

彼はサイコパス・チェックリストを手に、サイコパス探しの旅に出る。果たして「狂気」とは何か？

抱腹絶倒&考えさせられるノンフィクション！

本書に登場する奇妙なひとたち ハイチ「死の部隊」のトト・コンスタン、元英国諜報部の英雄、天才犯罪プロファイラー、リストラ大好き有名CEO、DSMの改訂者、反精神医学を掲げるサイエントロジスト、etc...

定価 1680円

あたまの地図帳
地図上の発想トレーニング19題

下東 史明 = 著

**地図を片手に脳内散歩。
(オールラウンド)アイデアの教科書。**

世界や日本をテーマに地図と向き合い、
あたまの中を散歩し、疾走する。
「凝視」「立場」「方角」…19の思考法と出会っていく。
すべての人があたらしい思考法をインストールし、
簡単に頭脳をアップデートできる画期的な本。

あたまの地図帳
YOUR WAY OF THINKING
地図上の発想トレーニング19題
地図を片手に脳内散歩。
アイデアの教科書。

定価 1680円

| ツイッター更新中 | 第二編集部 asahipress_2hen
代表(営業部) asahipress_com | 朝日出版社 www.asahipress.com
〒101-0065 東京都千代田区西神田3-3-5
Tel. 03-3263-3321 Fax. 03-5226-9599 |

うしてみると、日本の「スケール」は想像以上に大きい。何しろ、資源が豊富なことで知られるオーストラリアにひけをとっていません。日本は資源が少ない、と思っていましたが、それは石油など一部に限定したものであって、魚介類などを考慮すれば、決して「スケール」として小さくない。

9.2.2　日本国内の「スケール」を体感してみる

　国内の「スケール」に目を転じてみましょう。国内で大きな「スケール」といえば北海道。クルマで移動しても、鉄道で移動しても広いなあ、大きいなあということは感じていました。他と照らし合わせて体感するのが「スケール」ですから、図示して比較してみます。

　図Eは北海道と本州を重ねあわせた図です。

　思い描いていたイメージが図解のおかげで再確認できる。頭がスッキリします。デカい、小さいという言葉は（定義上）相対的です。一体それらがどれほどのものなのか。絶対的な大きさ（小ささ）を「スケール」をテコに、他と照らし合わせて体感する。つまり、知識を実感として自分のものにする。「スケール」にはそんな効能がありそうです。

　図Fは埼玉県と北海道を重ねたもの。日本列島と五大湖やナイル川を比べたときのように、埼玉県を小さいと感じるか、北海道を大きいと感じるかは、人によって違ってくるでしょう。しかし、「スケール」は誰にとっても明らかになります。

　さて、北海道は、都道府県の中で最も面積が大きい（83,457 km^2）。では、面積が「2位」の都道府県はどこか。岩手県（15,279km^2）でした。

図E：本州と北海道の比較

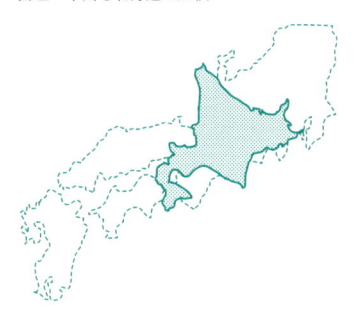

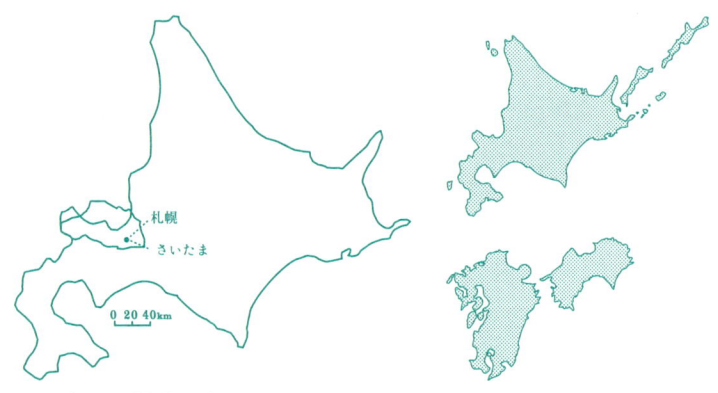

図F：埼玉県と北海道の比較

図G：北海道と九州と四国の比較

「2位」を知ることは1位の「スケール」を際立たせます。やはり北海道は抜群に大きい。とはいえ、相対的には、岩手県も小さくありません。その面積は、ほぼ四国と同じですから。

他の都府県単体では北海道の「スケール」にかなわないとなると、地方単位ではどうでしょう。とりあえず九州や四国などを抜き出してみたのが図Gにあたります。

九州が2つあれば、ほぼ北海道と同じ。四

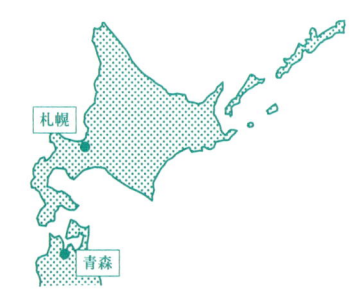

図H：韓国と北海道の比較

128　　　　　　　　　　**9** スケール

国は4つ集まって手が届く。つまり、九州×2＝北海道　四国×4＝北海道、派生して四国×2＝九州という訳です。数字を調べると、この直観は正しく、九州は39,594km^2、四国は18,791km^{2}です。

ついでにお隣の韓国と比べてみましょうか。図Hがそれです。北海道は韓国より小さいのですね。では、その差はどれくらいなのか。計算すると、北海道＋四国の面積＝韓国の面積でした。

9.3　世界各国の「スケール」

日本列島の大きさと「スケール」、日本国内の各地域の大きさと「スケール」、それすら知らなかったのですから、世界地図・地理に広げれば、どんな知見が得られるか。何はともあれ、世界地図に舞い戻ることにしました。

ぼんやり見ていると、位置関係が似ている2つの島が目に留まりました。台湾とマダガスカルです。この2つ、世界地図を見なくても、どことなく大きな大陸の南東部に位置する、ラグビーボールに似た形の島であることは、イメージできていました。けれど、どちらの島がどれくらい大きいのか小さいのか、その「スケール」についてはさっぱりイメージできません。比較するために、同じ縮尺で2つの島を抜き出したのが図Iです。

図I：マダガスカルと台湾の比較

この図は僕の予想を大きく裏切りました。あまりにもマダガスカルが大きかった。マダガスカルの面積は、なんと台湾の 16 倍以上もあったのです。

9.3.1　数字や図から分からない「スケール」

　台湾とマダガスカルの例以外にも、図の助けを借りて見直すと、予想以上に大きな「スケール」を持った国が見つかります。データをまさに図に正しく置き換えて比較すると、体感が可能になるのです。

　が、ここで僕は「スケール」に関して、見落としていた、忘れていたものがあった、と気づいたのです。これまでは図を媒介に「スケール」を調べたり、論じたりしてきたのですが、「スケール」という言葉を少し掘り下げれば、図に置き換えるだけでは見えてこない、また、視覚化できない「スケール」の存在を忘れていたのです。

　冒頭で世界には 196 もの国があり、日本の国土面積は 62 番目だと申しました。調べてみると、196 の国のうち、人口が 100 万人以下の国が 41 も存在していました。何とそのうちの 22 の国は、人口が 20 万人以下。人口 100 万人と言えば、日本では仙台市や北九州市。人口 20 万人だと、鳥取市や小田原市。人口だけで「ス

図 J：世界のミニ国家

ケール」を考えれば、この41の国は非常に「スケール」が小さい。

ちなみに面積・人口が小さい国家はミニ国家と呼ばれており、図Jがその主要な国々です。たしかに「小さい」国々です。しかし、面積や人口だけで測ることのできない「スケール」が明らかに存在していることに気づきます。

図K：リヒテンシュタインの位置

例えば経済的「スケール」などはその最たるもの。というのも、図Kのリヒテンシュタイン。この国の面積は世界191位（160km^2）（瀬戸内海の小豆島くらい）、人口も世界189位（約35,000人）。数字の上では非常に「スケール」が小さい国ですが、この国、実はケイマン諸島やモナコと並んで、タックスヘイブンとして知られる国です。銀行の秘密主義（顧客情報を明かさない）を採用するほか、企業や団体の登録の規制も緩く、グローバルなビジネスを行う企業・個人にとっては「スケール」の大きな存在なのです。一般国民には、所得税、相続税、贈与税などもありません。面積や人口に比べ、経済的「スケール」が非常に大きいのです。

リヒテンシュタインの特異な「スケール」に気づいた僕は、図Jの他のミニ国家の、他と異なる「スケール」がないものか、目を向けてみました。

9.3.2 ミニ国家のビッグな「スケール」

ミニ国家を調べているときに、もう1つ興味深い事実に出会い

ました。ツバルです（図J参照）。人口はバチカンに次いで世界で最も少なく、およそ12,000人。面積は26km^2（安芸の宮島ほど）。数字上の「スケール」は本当に小さいのです。経済的にも天然資源はほとんどなく、政府の主な財源は切手やコインの発行。経済の「スケール」もかなり小さいと言わざるをえない状況でした。

「でした」という表現が使えるところが、このツバルのユニークなところ。90年代後半頃から、ツバルはインターネットで収益を拡大しはじめたのです。インターネットで経済の「スケール」を大きくしはじめた。それは、ツバルという国名がもたらした偶然で、皆さんはインターネットのドメイン名というのをご存知でしょうか。日本だと「.jp」、イギリスだと「.uk」、フランスだと「.fr」という具合に割り当てられている、インターネット上の住所のようなものです。

ツバルの場合、割り当てられたのが「.tv」だったのです。tvだけに、世界中のテレビ局の関心を惹き、2000年には、何と5,000万ドルで「.tv」の使用権をアメリカのドットTV社に売却するに至りました。ドットTV社はこの使用権をもとに、アドレスが「.tv」で終わるドメインを販売し利益を上げる一方、ツバルはリース料を受け取っています。

ツバルはこんな偶然から経済的「スケール」を拡大することができ、さらには、このときの資金で国連加盟まで果たしました（国連は年会費のようなものを払わないといけません）。まさに国際レベルでの「スケール」まで大きくできたのです。

数字やデータをシンプルに図に置き換える「スケール」と違って、経済など目に見えない要因が「スケール」に影響している。これは、ニュースを始め多くのことに注意を払わないと発見したり体感することができません。データを図版に転換しただけではわからないのです。「大国」と呼ばれている国や地域以外にも、特定の分野では実に大きな「スケール」を持つ国や地域があるわけです。

9.4 地図・地理以外への応用

地図・地理から離れた場面で、「スケール」と聞いて僕がまず思い出したのは、「スケールの大きな人間・スケールの大きな夢」などの台詞です。まさに数字で測れませんし、図に置き換えることもできません。

自分自身の「スケール」とは何なのか。僕たち人間を物理的な側面と精神的な側面、こうして大別（二分）すると、人の「スケール」はその人のネットワークや自意識から判別できるのです。交友関係が多岐に渡っている人は、「スケール」の大きな世界に生きていると言えるかもしれない。何が起きてもすぐには動じない精神の持ち主は、心の「スケール」が大きいと言えるかもしれない。果たして、どうなのか。

9.4.1 ネットワークの「スケール」が人の「スケール」？

僕たちは知り合いの数が多い・少ない、世界が広い・狭い、と口にしたり耳にすることがあります。自分の知り合いの人数は携帯電話やPCのアドレス帳を見れば簡単に分かります。ミクシィやツイッターなどを調べても分かります。100人に満たない人もいる一方、1,000人を越えている人もいるでしょう。この交友数と各人の「スケール」は比例関係にないのです。つきあいの人数だけが「スケール」ではない。人間関係は「広く浅く」より「狭く深く」がいい、なんて言ったりします。1,000人の知り合いがいても、その1,000人の知り合いは、すべて友だちとは言えないものでしょう。反対に、100人しか知り合いはいないけれど、その100人がものすごく頼りになり、かつ仲も良い、という場合は、「スケール」は、はるかに大きそうです。月並みな結論ですが、人数よりも、「質」です。

人数に関連して少し脱線。イギリス人のロバート・ダンバーとい

う研究者が、「人間はどのくらいのスケールの集団で生活しているか」、様々な地域・組織で調べた結果があります。それによると、約150人くらいが最適な「スケール」らしい。軍隊や会社、宗教組織などの機能単位もおよそ150人（軍隊のいわゆる中隊は150人までだそうです）。構成員が個人的なつながりを持ち、信頼関係を保てる人数、これは僕の直感に照らしても納得が行きます。

9.4.2 精神的な「スケール」

前節で述べた「世界が狭い／広い」を典型として、そもそも「狭い／広い」は「スケール」に他なりません。ある人物の「スケール」を、その人物の内的世界の大きさ、と言い換えることができます。知り合いの人数がどれだけ少なく、つまり、どれほど「スケール」が小さくても、豊かな内的世界を持っている人が僕は個人的に大好きですし、「スケール」が大きいとさえ言いたい。内的世界が大きくなく、知り合いが少ないとしても、豊かな人に囲まれて暮らしている人の「スケール」だって、小さいなどと評することはできません。

この内的世界、つまり精神的な「スケール」を、自意識と呼んでもよい。自意識の「スケール」が相対的に大きくなっていれば、「肥大した自意識」と呼んでもよいでしょう。自意識の肥大は避けたいものではありますが。そして、自意識の「スケール」は自分で対自化しづらいものです。僕はどちらかと言えば自意識の「スケール」が大きくなりがちなので自戒しなければなりません。自意識の「スケール」を決定するのは何か。僕なりの結論は、「自分へのこだわり」です。

例えば、「自分は、とにかくこれでないと我慢できない」という対象が多ければ、自意識の「スケール」が比較的大きい。また、「理想の自分にこだわる」ことも、自意識の「スケール」を増大させるでしょう。要はプライドが高い人間になってしまう。逆に、

「自分の劣位にこだわる」ことは、被害者意識という別の自意識を膨大させるのです。

「自分へのこだわり」が過剰になる傾向が、今の日本社会には、たしかに、ある。学校でも職場でも、「自分を越えよう」「自分に勝とう」などという掛け声をよく耳にしますし、書店を訪れても、「自分を××しよう」という内容の本（自己啓発本）がやたら目につきます。何でもかんでも自分を尺度に考える、自己改造の夢へと自分を追い込む、そんな傾向が強く現れています。「自分探し」もその一変種でしょう。自分に過度な期待を抱く、自分に失望したくないと焦慮にかられる、そういう時代なのかと感じるのです。

9.4.3 所有の「スケール」

「スケール」という思考法は応用が効きます。人間の「スケール」について考えると、その人が所有しているモノの量から「スケール」が判別できる。この本を書きながら、僕は机の上に散らかっている自分の持ちものを眺めていると、自分はこんなにモノを持っているのか、と愕然とするのです。自分の所有が及んでいる範囲が自分の「スケール」であるならば、あまりにも雑然としているのです。

身の回りを眺めてほしいのですが、僕たちは結構多くのモノを所有しています。その中で、自分の所有物はどれか。誰かと共有しているモノはどれか。電話やテレビは自分だけの所有物。ん、でも待てよ、電話もテレビも昔は自分だけの所有物ではなかった。昔は家に電話が1台だけ、さらにさらに昔は（僕は生まれていません）地域に数台だけ。テレビも部屋に1台が珍しくなくなりましたが、昔は茶の間にだけ、さらに昔は電器屋のテレビに人々は群っていたのです。自分だけの電話、自分だけのテレビという概念は近年のもの。これは何を意味しているのでしょうか。

個人単位の所有と消費の「スケール」が大きくなったことを意味します。この理由はシンプルで、資本主義社会というのは基本的

に、現在よりも、より多くの人により多くの商品やサービスを行き渡らせる「志向」があります。特定の誰かの悪知恵ではありません。そういう運動・傾向こそ、資本主義そのものなのです。

一家に1台テレビを売るより、家族一人ひとりにテレビを売る方が儲かる。先進国では（もはや）人口が飛躍的に増加することはないので、個々人の消費の「スケール」を大きくしないと企業の利益は増えない。それに伴って僕たちの所有の「スケール」も大きくなる。人間の「スケール」が大きくなったのかどうか…。自己充足の機会はむしろ減って、オプションが増えたかどうかの幻想に浸っているだけかもしれない。モノを買うなら、自分が所有するモノだから自分らしいものがいい、とこだわりが増大し、自意識の「スケール」が大きくなる。全能感に踊っているのかもしれない。その分、家族や共同体の規範力、つまりは「スケール」が昔に比べて小さくなっているでしょう。

9.4.4 把握し直したい市場の「スケール」

地図・地理以外に、数字で「スケール」を把握できるものは数多あります。それを確認して本章を終えようと思います。

市場規模という言葉、僕は営業担当ではないため、数字と向き合う機会が多くありません。ニュースや資料で目にする機会ならあります。数字で比較すれば「スケール」を体感できるはず。最後に様々な業界の市場規模を並べてみて、仕事のひろがりと「スケール」を確認しようと思います。

以下は、各業界のデータをまとめた「会社四季報」と「TDR REPORT 業界動向」を参照しました。

〈自動車〉
- 自動車　　　　　　21兆円（上位8社の売上合計）
- 自動車部品　　　　19兆円
- カー用品　　　　　0.4兆円

〈エレクトロニクス〉
- 総合電機　　　　　27兆円（主要5社合計）
- 白モノ・生活家電　2.4兆円
- テレビ・液晶パネル　9兆円
- デジカメ　　　　　1.3兆円
- 複写機・プリンタ　1.5兆円
- 電子部品　　　　　8.2兆円
- ソフトウエア　　　2.1兆円
- リチウムイオン電池　0.2兆円

〈ネット・通信・メディア〉
- ネット広告　　　　0.6兆円
- ネット通販　　　　7.3兆円
- ゲームコンテンツ　0.7兆円（ハード含まず）
- 携帯電話事業　　　8.6兆円（主要3社の売上合計）
- 広告　　　　　　　5.8兆円
- 放送　　　　　　　3.8兆円
- 音楽　　　　　　　0.3兆円
- 映画　　　　　　　0.2兆円
- 出版　　　　　　　1.8兆円
- 電子書籍　　　　　0.05兆円

〈金融〉
- メガバンク　　　　575兆円（預金規模）
- 地方銀行　　　　　270兆円（預金規模）
- 信用金庫・信用組合　136兆円（預金規模）
- 消費者金融　　　　6.6兆円（ローン残高）
- 証券　　　　　　　104兆円（総資産規模）
- ネット証券　　　　128兆円（売買代金）
- 電子マネー　　　　1.3兆円（決済金額）
- 生保　　　　　　　14.3兆円（収入保険料）

9.4.4

- ・損保　　　　　　　6.9 兆円（収入保険料）
- ・ビジネスコンサル　0.2 兆円
- ・監査法人　　　　　0.2 兆円

〈資源・素材〉
- ・鉄鋼　　　　　　　15.7 兆円
- ・石油・石炭　　　　16.5 兆円
- ・非鉄金属　　　　　6.8 兆円
- ・ガラス　　　　　　3 兆円
- ・紙　　　　　　　　1.9 兆円
- ・板紙・段ボール　　0.9 兆円
- ・電線　　　　　　　1.5 兆円
- ・農業　　　　　　　8.4 兆円

〈社会・インフラ〉
- ・JR　　　　　　　　3.9 兆円
- ・民鉄　　　　　　　7 兆円（大手 15 社合計）
- ・鉄道車両　　　　　0.3 兆円
- ・総合商社　　　　　61 兆円
- ・セキュリティ　　　3.1 兆円
- ・不動産　　　　　　40 兆円
- ・住宅リフォーム　　5.9 兆円
- ・建設　　　　　　　9.2 兆円（上位 40 社総額）
- ・建設機械　　　　　1.9 兆円（出荷金額）
- ・工作機械　　　　　0.9 兆円
- ・ロボット　　　　　0.5 兆円
- ・造船・重機・プラント　2.6 兆円
- ・医療機器　　　　　1.5 兆円
- ・病院　　　　　　　35 兆円（医療費総額）
- ・東京電力　　　　　5.3 兆円（11 年売上）

〈生活用品・サービス〉
- ・医薬品　　　　　　9 兆円
- ・化粧品　　　　　　1.4 兆円
- ・菓子　　　　　　　2.3 兆円
- ・飲料　　　　　　　3.6 兆円
- ・水産　　　　　　　1.4 兆円

- ・印刷　　　　　　6.3 兆円
- ・文具　　　　　　0.1 兆円
- ・ペット　　　　　1.3 兆円
- ・スポーツ　　　　4 兆円
- ・ゴルフ　　　　　1.4 兆円
- ・ウエディング　　1 兆円
- ・葬式　　　　　　1.7 兆円
- ・学習塾　　　　　0.3 兆円
- ・介護　　　　　　6.8 兆円（保険給付費）
- ・人材派遣　　　　6.3 兆円
- ・外食　　　　　　23.6 兆円
- ・牛丼　　　　　　0.3 兆円
- ・居酒屋　　　　　0.9 兆円
- ・喫茶店　　　　　1 兆円
- ・食堂・レストラン　8.9 兆円
- ・パチンコ・パチスロ　19.3 兆円
- ・旅行　　　　　　5.9 兆円
- ・ホテル　　　　　9 兆円
- ・テーマパーク　　0.4 兆円

〈小売り・流通〉

- ・コンビニ　　　　8 兆円
- ・家電量販店　　　6.5 兆円（主要 10 社合計）
- ・総合スーパー　　12.3 兆円
- ・食品スーパー　　14 兆円
- ・百貨店　　　　　6.4 兆円
- ・ショッピングセンター　27 兆円
- ・家具・インテリア・雑貨　2.7 兆円
- ・ホームセンター・ディスカウントストア　3.8 兆円
- ・通販　　　　　　4.3 兆円
- ・ドラッグストア　5.6 兆円
- ・アパレル　　　　14 兆円
- ・ファストファッション　5.8 兆円
- ・高級ブランド　　0.5 兆円（日本売上高）
- ・眼鏡　　　　　　0.4 兆円
- ・倉庫　　　　　　1.7 兆円
- ・陸運　　　　　　32 兆円

9.4.4

・空運　　　　　　1.9兆円（国内7社売上合計）

　ご自分の仕事や興味のある業界の数字に、驚きや落胆や楽しさが味わえるのではないでしょうか。数字を「照らし合わせる」、これも「スケール」という思考法の応用に他なりません。

break

10 距離

実感できれば勝ち。

「スケール」という思考法の助けを借りると、面積や大きさ、広がりがイメージでき、体感さえ可能な場合があると知りました。本章ではもう1つ、よく似た思考法を取りあげます。

　僕は飛行機に乗っている時に、機内アナウンスで「もう1つの思考法」に気づかされました。離陸直後にアナウンスされる目的地までの「飛行距離」です。そう、「距離」です。

10.1 ひとまずは体感を試みる

　僕たちは100mと聞けば徒競走を連想し、その長さを思い浮かべます。50kmや100kmとなると、クルマに乗ったときのことを思い出す。でも、300km、500km、1,000kmと数字が大きくなってくると、もうそこにあるのは数字だけで、僕たちの実感はかなり置いてきぼりをくらっています。

　数字を見れば「距離」を簡単にイメージできるかと言えば、意外にそんなことはないのです。

　「スケール」と同じように、例をたくさん拾ってくるのが早そうです。まず、飛行距離から。

　東京—福岡の「距離」はおよそ880km。数字を目に見えるものに置き換えないと体感できませんので、地図で見てみましょうか。

　福岡を中心に円を描くと、東京—福岡の「距離」が可視化されます。その副産物として、福岡—上海がほぼ同じ「距離」であることが分かります。880kmと聞くだけでは、どれほどの「遠さ」か全くイメージできませんが、同心円を重ねると、なるほど東京—福岡は、福岡—上海と同じなのか、と直感的に理解できるのです。

　さらに福岡を中心に、日本や中国の主要都市を直線で結んでみます。すると新たな発見がある。福岡—京都間と、福岡—ソウル間の「距離」がほぼ同じ、福岡—札幌間と、福岡—北京間の「距離」がほぼ同じです。数字では、福岡—京都間（＝福岡—ソウル間）はお

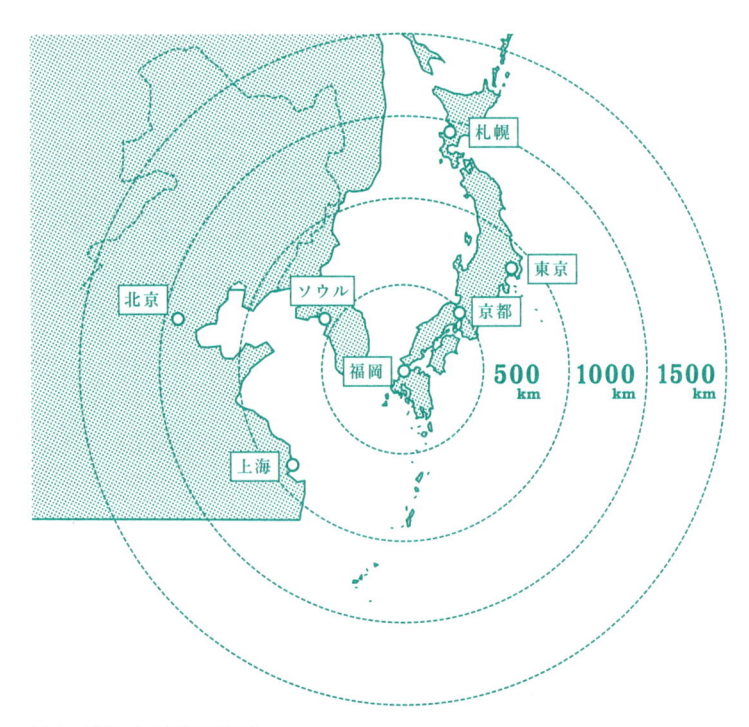

図A：福岡からの各都市の距離

よそ500km、福岡―札幌間（=福岡―北京間）はおよそ1,400kmなのですが、「距離」の体感には図示が欠かせません。

10.1.1 日本国内でさらに体感

日本列島が思ったより大きく思えたり、逆に小さく感じたり、これは「スケール」の章で、五大湖を参照先にすえて、体感したところです。同じことは、「距離」にも生じるのではないか。もしそうなら、今後、「距離」が数字だけで示されても、体感の手がかりが得られるのではないか。調べてみましょう。

福岡の例のように、北海道・本州・四国・九州の範囲であればま

だかろうじて「距離」に対する想像を膨らませることが可能です。ところが、いったん海を渡るともうイメージが湧いてきません。沖縄は東京とどれくらい離れているのか、東京から北に向かえばどれほどの距離にあるのか、さっぱり体感できません。早速図Bを見ることにしました。

　沖縄県の面積はとても小さく（2,276km^2）、香川県、大阪府、東京都に次いで4番目に小さい県です。狭義の、相対的な「スケール」はとても小さい訳ですが、図Bからも分かるように、「距離」は想像をはるかに超えて大きい（「距離」の体感の面白さ）。ここで「距離」とは、単なる2点間の直線的な隔たり、ではありません。ある点が周囲を包括する懐の深さ、とでも言うべきものです。本州の2／3がすっぽり収まってしまうほどの「距離」です。沖縄県の県域は、東西の隔たりは約1,000kmでこれに匹敵するのは、東京―函館間、東京―広島間。驚きます。

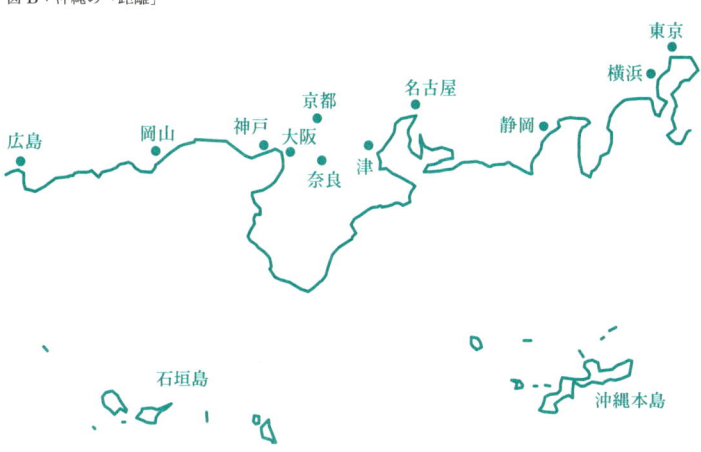

図B：沖縄の「距離」

10.1.1

10.1.2 世界でさらに体感

　国内から海外に目を転じてみましょう。東西の「距離」で圧倒的なのは、なんと言ってもアメリカ合衆国やロシア。でも、大国以外にもあったような気がします。そうです、インドネシア。多くの島で構成され、東西にたっぷりひろがる島嶼国家なのでした。アメリカ合衆国とインドネシアを題材に、「距離」を考えてみることにします。

　インドネシアと聞けば、アジアのどのあたりに位置しているかはピンとくるのですが、どうも形状(輪郭)が思い浮かびません。島国という知識はあっても、どんな配置の島国であったのか。地図で確認してみると、確かに東西にひろがっていることが分かります。この「距離」、およそ5,100km。…あまりイメージが湧かない…。では、アメリカ合衆国の東西の「距離」を調べると、驚くべきことに、何と約4,500km。インドネシアの東西がアメリカ合衆国のそれを上回っているではありませんか(図C)。何しろアメリカ合衆国は大陸国家。それを島国が上回っている。4,500kmと5,100km、ほぼ同じ「距離」です。

図C：アメリカとインドネシアの比較

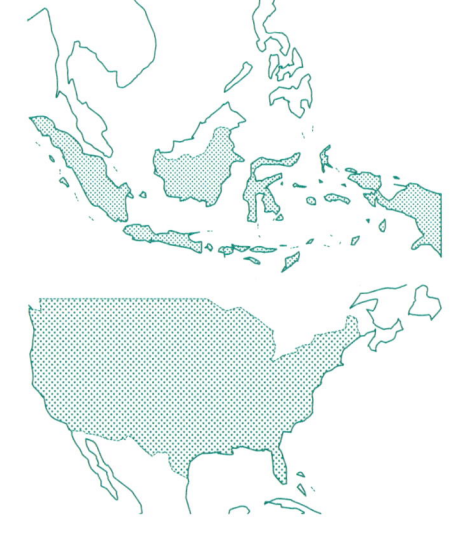

　東西「距離」5,100kmを体感すべく、飛行距離で類似例を調べてみると、日本の関空からシンガポールまでがおよそ5,000kmでした。飛行時間でざっと6~7時間。羽田―沖

縄の飛行時間は 2.5 時間ほどなので、これと比較すると、一国なのに東西を移動するのに 6~7 時間もかかるインドネシアは本当に広い、つくづく広い国なのでした。

「距離」を他の尺度（飛行時間）に置き換えたり、地図・地理上で近しいものを探すことで、より具体的なイメージが深まる。それに、記憶に刻まれる（インドネシアの東西の距離をもう忘れることができません）。

世界地図なら 1,000km や 10,000km といった途方もない「距離」に出会えますが、次はよりイメージが困難と思われる垂直的な「距離」を考えます。

10.1.3　宇宙へ

地図上の「距離」を大きく凌駕する、とてつもない「距離」。それは宇宙空間における「距離」ではないでしょうか。子どもの頃、夜空を見上げるたびに、あの星とこの地球はどれくらいの「距離」があるのだろうか、と考える。これは少年少女時代の特権的に甘美な記憶です。

世界地図ならぬ「宇宙図」を見てみましょう（図 D）。

そもそも太陽は、地球から 1 億 5,000 万 km 離れた「距離」に位置しています。この 1 億 5,000 万という数字にたじろぎます。数百、数千の単位ではない。桁が違いすぎて眩暈がします。さらに、

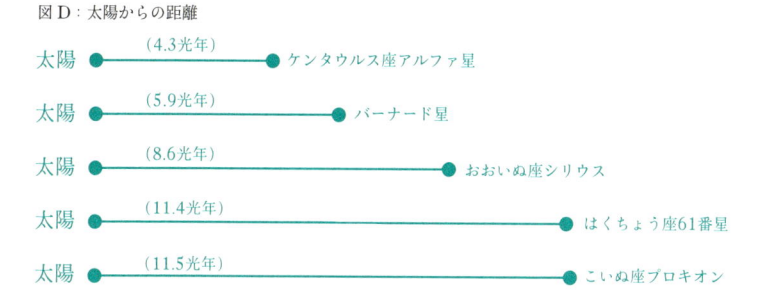

図 D：太陽からの距離

太陽 ●―――(4.3光年)―――● ケンタウルス座アルファ星

太陽 ●――――(5.9光年)――――● バーナード星

太陽 ●―――――(8.6光年)―――――● おおいぬ座シリウス

太陽 ●――――――(11.4光年)――――――● はくちょう座61番星

太陽 ●――――――(11.5光年)――――――● こいぬ座プロキオン

太陽自体が半径70万kmの巨大な恒星です。この「距離」を体感するべく地球との比較を試みると、地球の半径は6,378km。およそ110倍。とにかく圧倒的な違いがある。

さらに太陽系を飛び出してみると、冥王星のはるか彼方にオールトの雲と呼ばれる天体群があり、さらに先に進むと、ようやくケンタウルス座のアルファ星という星に行きあたります。この星が太陽系から最も「距離」が近い星。その「距離」は、太陽の中心から光速で4年半（4.3光年）もかかるのです。もう「km」といった長さの単位では測ることができない。光速を基準にしなければ「距離」を表現することさえできないのです。それもそのはず、1光年でさえ、約10兆km。何しろ「兆」です。

夜空の星々を調べると、およそ1,000光年の「距離」がある。

地球上の、いわば人間的な「距離」感覚は、宇宙に出てしまうと通用しない。驚異というか、みじめというか、彼我の「圧倒的な非対称」を実感する場面です。

10.2 数字で示されない「距離」

これで終わり、と思ったのは我ながら浅はかでした。前章の「スケール」を読み返して気づきました。「スケール」には数字で測れないものがある、その意味で数字を超えているのでした。「距離」においても数字で示されないものが存在しているのではないか。卑近な例をとれば、人間関係でAさんとBさんにはかなりの「距離」がある、といった比喩が使われるように、国と国、地域と地域にも数字だけでは測れない「距離」が存在しているのではないか。

そう考えた僕は、もう一度、気を引き締めて地図・地理を眺めることにしたのです。

最初に目にとまったのは日本の隣の朝鮮半島。ソウルとピョンヤンの「距離」は、と調べると、わずかに200km。早速、これを体

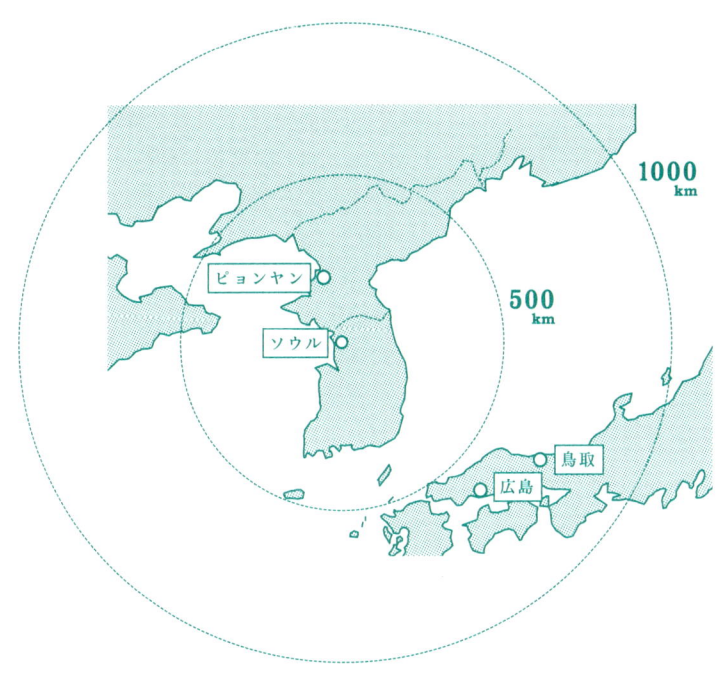

図 E：ソウルからの各都市の距離

感するべく日本国内の「距離」に置き換えてみると、広島―鳥取間と変わらない（図 E は、ソウルから各都市までの「距離」を示しています）。にもかかわらず、ご存知のように、ソウルとピョンヤンには現在（2012 年）、自由に行き来できない「距離」があります。広島―鳥取間であれば、高速道路を使って車で 5 時間程度で到着する距離ですが、今、ソウルから陸路でピョンヤンへ向かうには、特別に許された人たちでないと向かえません。しかも鉄道が直結していないため、かなり不便。

　非常に大きな「距離」――物理的ではないそれ――が、ソウルとピョンヤンの間にある。国家間の「距離」が、都市間の「距離」に大きな影響を及ぼしている訳です。

　日本と北朝鮮は国交を結んでいませんから、物理的ならざる国家

間の「距離」が大きい。日本から北朝鮮に向かう場合、北京、瀋陽、ウラジオストク、ハバロフスクなどを飛行機で経由するか、北京からピョンヤンへの国際鉄道（所要時間なんと 24 時間）、または万景峰号に代表される北朝鮮の船舶を利用して日本海を渡るしか方法がありません（2012 年現在、入港禁止で利用不可）。

　国家間の「距離」は地図にも描けないし、数字で示すこともできない。他にも多くの類例があるでしょう。恐らく、文化的「距離」や精神的「距離」…と考えていけば、数字で示されない「距離」があるのです。さらに調べてみます。

10.2.1　言語にも近い・遠いがある

　世界地図を見ていていつも思うのは、地球上には本当に色んな国があるということ。けれど、ほとんどの国に僕は行ったことがありません。多くの国・地域の言葉、基本的な挨拶の仕方さえ知りません。外国語を学ぶとき、日本語に近いものは習得が容易で、遠いものは難しいと聞いたことがあったのですが、その際の「近い」「遠い」とはどういうことなのか。言語間の「距離」です。数字では決して示されないでしょう。

　昔、地理か歴史の授業で「語族」という言葉を教わりました。語族とは、言語学の概念で、同一起源から派生、発達したとみられる言語を分類する括り。インド・ヨーロッパ語族、アルタイ語族、ウラル語族、シナ・チベット語族…など、多くの語族が存在します。僕たちが使う日本語は孤立語とされ、日本語族という独立した語族に属しています。次の図 F をご覧下さい。

　日本語族は独立した語族であるものの、比較的、アルタイ語族に近いという見解もあります（異論も多数）。日本語は、それら語族の言語とは言語的「距離」が近いのです。

　トルコは、ほとんどヨーロッパといっていいくらいの場所に位置していますが、言語的に日本との「距離」は近い（という説もあ

る)。実際、トルコ語と日本語は文の語順が同じで、発音もよく似ているそうです。マスターしやすい、という話も耳にしました。

英語などの欧米の言語はインド・ヨーロッパ語族に属しているため、例えばフランスと北アフリカ諸国は地理上の「距離」は小さいものの、北アフリカ諸国がアフロ・アジア語族に属しているため、言語的「距離」は大きい。

僕たち日本人が外国語を学ぶ際、比較的「とっつきやすい」外国語はアルタイ語族に属するモンゴル語、ウズベク語、カザフ語、トルコ語なのだそうです(本当でしょうか)。逆に、中国とは地理的「距離」は小さいものの、言語的「距離」は大きい。中国語の習得が比較的難しいと言われるのはこのためでしょう。単語の概念も、発音も、構文も、まるで違いますね。漢字文化圏ではあれ、とうてい言語的類縁性が高いとは言えません。

目に見えない「距離」を念頭に置いて、地図・地理以外に応用してみましょうか。

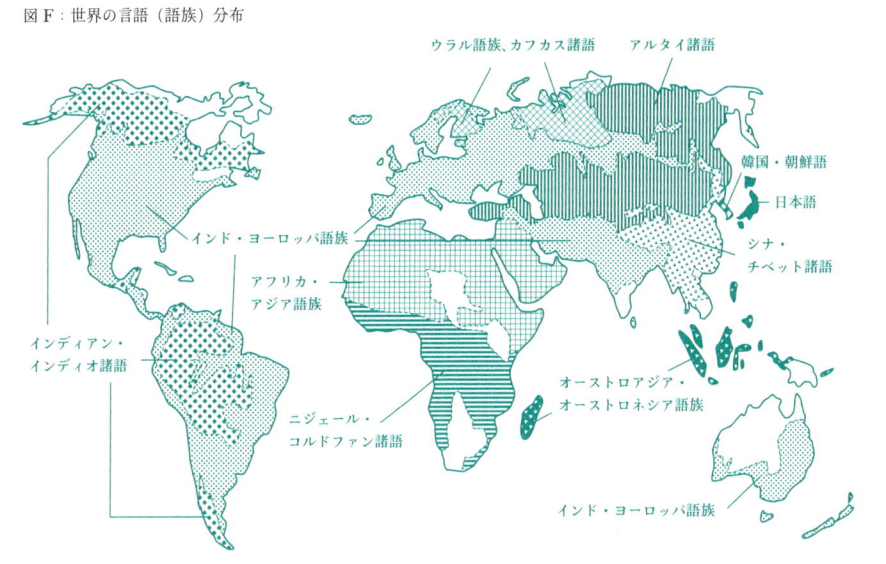

図F:世界の言語(語族)分布

10.2.2 人と人との「距離」

物理的・地図的な場面を離れて、「距離」という言葉を耳にする機会は、人間関係が多い。「誰と誰の間には随分、距離がある」「私はあの人とは距離を置いている」、こんな物言いは頻繁に耳にします。これら目に見えない「距離」、人と人を隔てる心理的距離について考えてみます。

心理的距離は快・不快と深い関わりがある。最近、さほど親しくない知人からなれなれしいメールが届いたのですが、妙に嫌な気分になってしまいました。身近な人からのメールであれば何の問題もないのに、見過ごすことができない。気になる。なかなか忘れられない。逆に、親しい間柄なのに妙に丁寧なメールが来たり、堅苦し挨拶をされると、いわゆる水臭い気分を味わいます。

心理的距離が遠い・近いに原因があるわけです。元々、距離があまり近くなかったのに、突然、距離を詰められたから不快に感じた。いわば、自分のテリトリーに土足で踏み込まれたように感じるのです。人間関係にも「距離」が深く根をおろしていることがわかると、何だか人間関係が御しやすいものに見えてきました。どうやら人との「距離」は、会う回数に比例して縮まっていく。実はすでに「ザイアンス効果」として知られている。人と何度接触したかを数え上げれば「距離」は把握できるのです。どんな人ともベストな「距離」を保つためには、無理強いに注意しないといけないな、ということもわかる。

少し補足すると、相手のためにと思って、なにごとかをお薦めするとしても、僕たちは気づかないうちに、ついつい無理強いしてしまう、そして相手が受け容れないとわかると、気分が悪いと感じてしまうのです。僕のためを思って言ってくれているんだな、と分かるものの、妙に気持ちが萎えることって、誰にでもありますね。

けれど、他人との「距離」は、まだまだ整理できない、法則化できないことに満ちています。恋愛もその一例でしょうが、自分と自

分の「距離」について考えてみたい。

僕は日常生活でも仕事でも、反省すべき場面に頻繁に出くわします。反省には、反省する対象（自分がやってしまったこと）と反省する主体（いまの自分）との間に適切な「距離」がないと成立しません。厄介なのは、どちらも自分なので、適切な「距離」がとれないこと。自分との「距離」が近すぎれば自己弁護になってしまいます。やはり「いい反省」をするためには、自分とちょうどよい「距離」にある人に、自分の振る舞いを評価してもらうのが適切なのでしょう。自分をいつも褒めてくれる人や、イエスマン（太鼓持ち）は、自分とちょうどよい「距離」にいる人とは言えない。適切な距離をとってくれる人を探すのは至難の業ですが、どうしても必要なことだな、と僕は思っています。

他方、人と人の距離を数字で示すとどうなるか。「数字で示せる距離をもとに考える」は、人間に対しても妥当するだろうか。僕と今あそこに立っている人は1m離れている、と言うだけなら容易です。ここで思い出されるのが「パーソナルスペース」と呼ばれるもの。パーソナルスペースとは、自分が心地よく感じる「距離」の範囲のことです。

パーソナルスペースは、どうやら接する相手との親密度に応じて変化するようで、大まかには次の4つに分類されます。

家族や恋人など親密な相手……45cm以内
友人などの個人的関係にある相手……45~120cm
会社の同僚など社交的関係にある相手……120~360cm
赤の他人……360cm以上

10.2.2

会話をするとき、妙に顔を近づけて話す人がいますが、あまり心地よく思われないのには理由があるわけです。家族や恋人でもないのに、45cm以内に近づいてしまうと不快に思われる。僕たちは知らずそんな作法を共有しているのです。

　これは目安にすぎないので、個人差はあるでしょう。引っ込み思案だったり人間関係が苦手だと、これよりもパーソナルスペースを広くとらないといけないかもしれません。逆に人間好き・社交的だともっと縮むと思われますね。

10.3 「距離」を縮めようとする社会

　地図に描かれる「距離」と目に見えない「距離」、また、計測できない人間同士の「距離」、これをさらに応用できると思います。よく考えれば当たり前で、任意の個物間には「距離」が存在しているからです。いま、僕はテレビをつけながら原稿を書いていますが、テレビは視聴者との「距離」をいかに縮めるかに腐心している。懸命です。例えば、CM後に面白いものが待っていますよ、とCM前にアナウンスすることで、僕たちとの「距離」を縮めようとする。僕の普段の仕事は、モノや企業と人びととの「距離」をいかに縮め、あわよくば無化するか、そうした効率的なコミュニケーションを念頭に置いているのでした。

　最近は、少しでも分かりにくかったり、面倒くさかったりすると、「もういいや」と振り向いてもらえない。いたってクールです。冷淡でそっけない。「距離」の変化とみなせる事例です。昔に比べて、情報供給回路が増えてきたので（ネットやケータイなど）、僕たちは常に色んなものからアクセスされ続けているのです。いわば、こちらの思いとは無関係に、「距離」を縮めようとアプローチを受けている。迫ってくるものが多く、かつ頻繁であるため、こちらからわざわざ（主体的に、意識的に）「距離」を詰めなければならないものに

対しては、後回しになるか、面倒に感じてしまう。自分の興味や好みもインターネットの履歴やアルゴリズムに把握され、「オススメ」される始末ですから、無理からぬところがあるのです。

　昨今は、知識に対する「距離」も最短のものばかり選んでしまう。最も「距離」が短いものにばかり目がいきがちです。ネットで一発検索すれば、それでもう知識を獲得できたと勘違いしてしまう。僕もそうなってきています。書店に行けば、「1週間で学べる××」とか「最速！1ヶ月でマスターできる××」という本をたくさん見かけます。これも知識への「距離」が短い方がラクだと僕たちが考えていることの反映に他なりません。

　やはり僕たちは、自分が動き、足を運び、手をつくしてはじめて、ものを知ることができるようにできています。僕はだから、あえて検索せず書店に足を運び、平台に置かれた売れ筋本だけでなく、棚に差してある本にも意識して目を向けるようになりました。「距離」が遠いものに対しては、手間もかかり、ときに迂回も必要で、どうしても時間がかかりますが、「急がば回れ」が永遠に妥当するだろう、と思っています。

11 経路

道も人生も、どう進むか。

地図を見ていると、この場所からあの場所へ行くにはどうすればいいのだろう、と考え込んでしまうときがあります。地図には道路や線路が詳細に記されていますが、「こう行けばいいですよ」について、地図は（それだけでは）何も語ってくれません。電車の路線地図を見て単に駅同士を線で結んでも、それが最適な行き方かどうか分からない。「あみだくじ」のように見えてくる。しかしここであきらめず、どの選択と接続が合理的なのか、ねばり強く考え始めると、新しい思考法と出会うことができます。これを「経路」と呼ぶことにしました。

11.1 「早い」＝「快適」？

　A地点からB地点へ向かうとき、どんな行き方があるかを知るにはケータイやPCに調べさせればそれで済む、と思っていました。今や24時間、365日たちどころにルートが見つかります。しかも、所要時間や乗り換え回数、運賃によるソートも可能なのです。しかし、地図とのつきあいも長くなり、気づいたことがあるのです。
　それは、機械に選んでもらった行き方が必ずしも「快適」とは限らないのではないか、ということ。一番「早い」方法さえ知っていればいいのではないか？「早い」すなわち「快適」なのではないか？という反応がありうるでしょう。当然です。しかし、実はその2つは大きく異なるというのが僕の第一の発見です。

11.1.1 「早い」と「快適」は違う

　そのことに気づいたのは、御茶ノ水から田町に向かおうとしたときのことです。まず御茶ノ水から中央線で東京に出て、山手線に乗り換えて田町に向かうのが早い。これは一目瞭然。でも、この「経

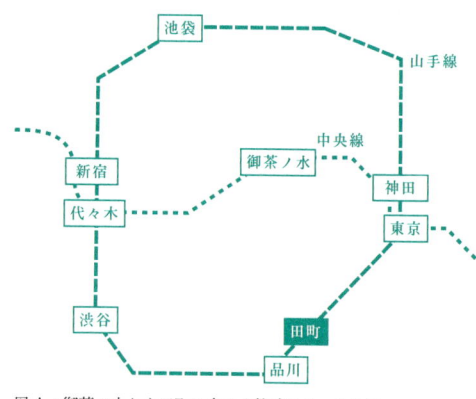

路」を使うととても疲れます。どこで？ それは東京駅。中央線ホームは高架上にあるので、エスカレータが驚くほど長く、東京駅に着いてから山手線に乗るまで、かなりの体力を消耗します。そ

図A：御茶ノ水から田町に向かう快適なルートとは

れでも、改札を出ない乗り換えなので仕方ない、これしかない、しょうがない…そう思っていたのです。会社の先輩に、「神田で乗り換えるといいよ」と言われて驚いた。全く気づかなかった。東京に着く1駅前の神田で降りて山手線に乗り換える、その方が階段の高低差も少なく、ラクなのです。

　「経路」には「早い」だけでなく「快適」という基準があってしかるべきなのです。バリアフリーの時代ですし、賛同してくださる方もいると思います。そう言えば、日本を代表する東京駅には、意外にも多くの「落とし穴」があります。JR・地下鉄含め多くの路線が乗り入れていることから、乗り換えに便利、つまり「早い」と思いがち。先ほどの中央線のエスカレータのみならず、総武快速・横須賀線のホームはなんと地下5階。かなり深いのです。京葉線のホームも果てしなく続く（と思われる）連絡通路を経ないと辿り着けないことで有名です。さらに名前に惑わされると「快適」に乗り換えられない場合がある。地下鉄丸ノ内線です。丸ノ内線は丸ノ内側にしか乗り場がなく、八重洲側から乗ろうとすると、これまた長い通路を歩かないとならない。「東京駅」だから楽と思うと、そうでもない。増改築の果ての複雑な構造ゆえに、1つの駅とは思えぬほどに入りくんでいる。

11 経路

似たケースは他にも見つかります。東京駅は要注意と覚えておけばすみますが、東京メトロの赤坂見附・永田町・霞ヶ関の3駅などは「落とし穴」が多い、と言わざるを得ない。

　まず赤坂見附は、銀座線・丸ノ内線が通っており、千代田線の国会議事堂前や半蔵門線の永田町に乗り換えられる旨の表示が構内に出ています（最近では電車内の電子看板にも出てきます。東京の地下鉄に慣れておられないとこの話、ちんぷんかんぷんですね、すみません。簡単な路線図を掲出しておきますので、ご参照ください）。

　さて、赤坂見附で丸ノ内線から銀座線に乗り換える分には、ホームが共通でとても「快適」なのですが、赤坂見附から永田町に向かい、他の路線に乗り換えるのがとても厄介なのです。半蔵門線の「永田町」に乗り換えるのは比較的「快適」でかつ「早い」。ところが、有楽町線と南北線の「永田町」に乗り換えるのは「快適」とはとても言いがたい。半蔵門線のホームを端から端まで歩かないといけないからです。

　僕はある時点まで、新宿から水天宮前に向かう際は、丸ノ内線の赤坂見附⇒半蔵門線の永田町と乗り換えていましたが、丸ノ内線で大手町まで行ってから乗り換える方が「快適」でした（距離はだいぶあります）。ただし、この「経路」も今や乗り換え案内で出てくるので、僕と同じ苦痛を感じていた人がいるんだな、と思っています。ただ、乗り換え案内を使う暇がない場合、ついつい、路線図だけで判断してしまうことになる。やはり「落とし穴」がある、と言いたくなりますね。

　霞ヶ関は丸ノ内線・日比谷線・千代田線の乗り換え駅ですが、このうち丸ノ内線と千代田線は隣の国会議事堂前でも乗り換え可能。どちらが「快適」なのでしょうか。実際は国会議事堂前です。霞ヶ関で丸ノ内線⇒千代田線だと日比谷線ホームを端から端まで歩かされる。ただ、丸ノ内線⇒日比谷線ならやや軽減されます。

　このケースで分かるのは、霞ヶ関の日比谷線ホームといい、永田町の半蔵門線ホームといい、どちらもホームは「連絡通路」なので

11.1.1

す。これを使う「経路」は「快適」でない。長いだけでなく、ホームが電車を待つ人々で溢れていることも多いし、改札外の通路より狭いし、歩きにくいことも確か。

　ホームの長さは路線ごとに異なります。車両の長さに比例しており、銀座線や丸ノ内線・日比谷線の車両は比較的短いのでホームも短く、100mほど。ただ、東西線の大手町や千代田線の国会議事堂前は230m、千代田線の新御茶ノ水は220mもあり、改めて驚くのでした。

11.1.2 「快適」を見つけるには。

　早い＝必ずしも快適ではない。これを思考法として深められないだろうか、と思ったのです。早い行き方はネットを調べれば出てくる。ただし、先に触れたように、最近のネットでは、早い、以外にも楽、という表示が出るものもあります。けれど、個人的な体験から申しあげれば、あまり頼りになりません。

　では、どうすれば（機械的に）快適な「経路」が選択できるようになるのか。結論は「機械的」は無理で、あくまで「経験」に基づかなければ無理。「慣れ」の要素も大きく影響します。何だ、と思われるかもしれませんが、地域や駅の構造を頭にインストールするのはやはり経験の積み重ね以外ありません。

　では、「経路」に親しめるような早道はあるだろうか…。残念ながら、色んな行き方を試すしかないように思います。勢い、早い方法にばかり目がいきますが、時間に余裕のあるときは、普段と違う行き方を試してみる。こんな乗り換えもアリではないか、と思いついたら試してみる。僕の場合、逆に、快適ではないけれど豊富な運動量を確保できる（階段の昇り降りなどで）経路を見つけて楽しんでいます。また、毎回同じ「経路」を使い、ひたすら慣れるのも１つの方法です。「慣れ」も快適さを左右する大きな要素。ケータイを見ながらでも、電話しながらでも、前を見ることなくただカラダ

が勝手に動いてくれるまでに「慣れ」た「経路」は、悪くない、と思います。

11.2 徒歩の場合の「経路」

早い行き方と快適な行き方は必ずしも一致しない。では、交通機関を使わない場合、つまり徒歩においてはどうなるか、思考実験してみることにしました。

実験：東京都文京区の西片交差点から本郷郵便局へ向かう際、どんな行き方が早いか、また、快適か。

そもそも電車やバスなどの交通機関を使う場合、ネットで調べれば早い「経路」は見つかります。路上を徒歩で移動する場合はそうもいかない。地図とにらめっこして、自分で判断するしかない。交通機関を使う場合と徒歩の場合で何が違うかと言えば、行き方の数、潜在的可能的経路の数です。路上を歩けば無数の選択肢が存在します。その中でいずれが早く、いずれが快適なのか。

まず、早いのは、出発地と目的地を直線で結び、その直線からなるべく逸れない道を順に歩く場合でしょう。けれど、必ずしも快適だとは限らない。路地が入り組んでいたり曲がり角が多かったり、中には急勾配の道もあったりするでしょう。ここでも、早い＝必ずしも快適では

図B：文京区本郷付近の地図

ない、のです。

　では、徒歩の快適なルート、道順とは。なるべく迷わないことではないでしょうか。目的地まで運んでもらえる交通機関と違い、徒歩の場合は自分が歩かないといけません。自分の足は自分がハンドルを握っているようなものなので自由。自由だからこそ逆に迷いやすい。迷う可能性を低くするには大通りを多用するのがよい、と僕は気づきました。直線で地点同士を結んだ場合に、それが大通りとピタリと重なればそれこそ便利。でも、そんなケースは多くない。

　以上をもとに、図Bに戻りましょう。西片から菊坂下へ向かい、そのまま北東へ、本郷弥生の交差点を目指し、本郷通りを東大正門方向（南）へ下っていく。これが快適なのです。でも、最近の僕はこうは歩かなくなりました。行き当たりばったりな性格なので、とにかく本郷通りに出れば、目的地である本郷郵便局には辿り着けるに違いない。地図によれば、本郷通りは西片交差点からおよそ東方に位置している。どの道でもいいから西片交差点から東へ、真東ではないから北東寄りに歩こう。そうすればいつか本郷通りに出るだろう、とばかりに歩くのです。こんな方法は野性的かもしれませんが、それ故に、迷うリスク、時間がかかってしまうリスクも大いにあります。でも、少しばかり魅力的なのです。

11.3　「早い」「快適」以外の「経路」

　早い・快適以外にも、行き当たりばったり＝野性的な魅力に出会った。もっと別の発想、新たな概念がないだろうか。「嬉しい」概念はないか、そう思うと、1つ忘れていることに気づきました。「幸せ」という概念です。早い・快適なら個人差は比較的少なく、定量的な概念でしょう（快適さは運動量と密接に関係しているので、多少の違いはあります）。しかし、何が幸せか、何がハッピーであるか、何を嬉しく思うか、これは人によって大きな違いが出て

くる。極めてパーソナルなものです。これはルートにも当てはまるのではないか、と考えました。

僕を例に考えてみます。好きな人と初めてデートした時に使った交通機関とそのルート。他にも（アジサイの花をこよなく愛する僕にとって）アジサイが沿線に咲き乱れる井の頭線や、実家が遠くに見える道などは、他の人にはおよそ通じない幸せです。早くもないし、快適とも言いがたいけれど、幸せ。逆に言えば、幸せでないルートがあるということ。車内で親友と大喧嘩したときにつかった交通機関や、別れた恋人に会いに行ったのに、結局会えなかったときのあの道程など、幸せとは到底言えないルートです。幸せなルートは、持とうとして持てるものではない、それが魅力的です。

11.4 「経路」から人生を考える。

さて、早い・快適・幸せを「経路」に読み込んできました。この思考法を地図以外に応用してみます。「経路」＝ルートの選択から自然に思い起こされるのは、自分自身の道のり、つまり人生です。人生はしばしば道に譬えられます。始点と終点をもった長い航路です。そして、徒歩と同じように、人生の選択肢も無数に存在しています。「経路」から人生を考えてみましょう。

人生のルートは無数にある、と言ったものの、本当に無数と言えるのでしょうか。実際には限りがある、と言うのが正直、かつ、実態に即しているのではないか。とりわけ、年齢を重ねればそれだけオプションは少なくなってくるのではないかと思います。だれしも子どもの頃に「なろう」「なりたい」と思った職業

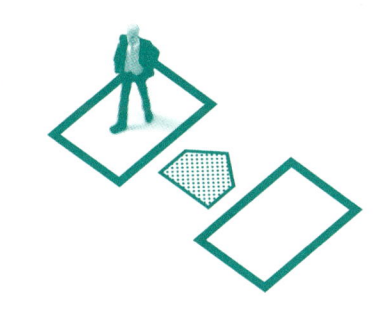

があったと思いますが、中学、高校、大学と進むにつれて選択の幅は狭まっていくものでしょう。僕は、いまだに野球選手になりたいのですが、もうその可能性は実質上、断たれています…。学校を卒業し、どの職業につくか（一応は）決める時点で、すでに枠はずいぶん狭くなる。10年後、20年後となれば、選べる生き方は今より確実に少なくなっているでしょう。このことを忘れぬよう、強く意識したいものだと僕は感じました。惰性で生きるな、とお説教を垂れる人がいます。最大限好意的に理解すれば、その本質とは、ぼんやり歩いていてはいけないよ、一瞬一瞬、可能性は小さくなる、少なくとも、そういう傾向はあるんだよ、ということでしょう。

11.4.1 人生における道発見の方法

人生の生き方、いわばそのルートをぼんやり辿ることが僕は嫌いです。では、どうすれば「ぼんやり」を回避できるのか（と自分に言い聞かせる）。ぼんやり、というのはゴールがはっきりしていないからで、目的地に向かって交通機関で移動する場合、ぼんやりは原理的にありえません。しかし、人生における到達目標となると非常に巨大な問題で、にわかに答えが出ない。そこで、まずA年後の到達地点を設定します。その上で、A×1/2年後、さらにA×1/4年後の自分が、どうなっていればいいか、を考えると、究極的な目的地ではないものの、人生のランドマークが設定できるように思えるのです。

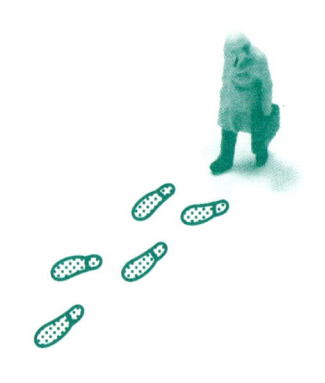

なるほど、A×1/2年後にこうなっていたいんだから、今はもう少し急がないといけない、A×1/4年後に向けて、今のままでは到着できないぞ、と思えるようになります。「自分の夢や目標は手帳

に書きましょう」と述べるビジネス書をよく見かけますが、それと違ったことを言っているわけではありません。

11.4.2 人生における成功について

　人生と「経路」、あと何が言えるでしょう。人生において成功したいという願望は誰しも持っている。無惨な人生をあえて選ぶ人はいません。でも、成功とは一体何なのか。また、成功に至る、生き方やルートはどう見つければいいのか。特定の職業につくための方法であればすでに多数存在しています（各種指南書など）。しかし、成功の方法・道すじ、となると途端に難しくなってきます。

　もちろん、お金持ちになる、あるいは、立身出世を成功と見なす方もいらっしゃると思います（思わない方もいらっしゃるでしょうね）。価値観の問題。成功と言っても、その内実は人によって様々です。ある人にとっては年収3,000万が目標かもしれませんが、別の人にとっては田舎での自給自足が目標かもしれません。さらには、同じ目標を掲げても、手段や時期やスタイルが異なってくる。極端には、ある人物の成功のイメージは、年月とともに変化していくこともあるでしょう。むしろ、それが常態かもしれない。

　「経路」には「早い」「快適」「幸せ」「野性的」など、様々な選択肢や価値基準がある。僕たちは、それらをあるいは発見し、あるいは選択している。使い分けであり、フットワークでもあります。いち早く、とにかく最短で年収3,000万に到着したい、何が何でも5年以内に自給自足生活に入りたい、と考えるのは「早い」価値をとにかく重要視したものでしょう。どこかで自給自足できるノウハウが身につくから、とにかく（あと5年は）このまま進もう、と考えるのは「ねばる」価値を重要視したものでしょう。一概にこれがよい、と言えない、分からないからこそ人生は楽しい…のですね。

11.5 日本の進むべきルートとは

　日本という国、僕たちの生きる社会がこれから進んでいく道は、「経路」という思考法を応用するとどう見えてくるでしょう。

　日本はこう進むべきだ、という論陣を張りたい訳ではありません。「経路」という思考法の最大の収穫は、「早い」ばかりに目を向けるべきではない、ということ。今の日本は、グローバル化（目的地）に「最短」のルートを切り開こうと懸命です。けなげなくらい。システムをグローバル化対応にアップデートする必要は認めます。僕もいろいろうんざりしていますから。でも、「なる早」は拙速そのものでもあります。まずはいま目標とすべき国の姿（目的地）がなんであるのか、ヴィジョンを語るべきではないでしょうか。（みんなで）考え、それからどういう「早さ」「快適さ」で進めばいいかを考えるべきではないでしょうか。

　もちろん、「快適」も一人ひとり異なるので、国単位ともなれば国民全体の意見を集約するのは難しい。難しいけどやらなければならない、ということです。さらに、国によって「快適」「幸せ」は異なるはずで、中国がグローバル化していく上で「快適」「幸せ」な道と、日本がグローバル化していく上で「快適」「幸せ」な道も異なるに違いない。ただ一点、道を決める、選ぶ、進む上で「何となく」や「時代の流れだから」という曖昧な基準で動くのではなく、国として明確な判断基準、価値観を僕たちに示してほしい、ということ。異論が出るのは仕方ない。異論を互いに闘わせる土台さえないまま、「なんとなく」で経路が決まっていくのが解せないのです。僕たちにしても、判断基準や価値観を磨き、提示しないとだれに文句を言うこともできなくなるでしょう。

11.6 地図上の「経路」を再考

　ルートを見つけ選択するとして、では、見つけた後、選択した後どうすればいいのでしょう。発見と選択で「こと」は終わるのか、ということです。選択したルートを辿っていくと、どんなことがあるのでしょう。見つけて選んでハイ終わり、という訳にはいきません。

　具体的に言えば、街路を歩いている場合。自分が歩いているこの××通りは、選択したはずのルートから逸れていないだろうか、不安になることがあります。道に迷ったのか、このままでいいのか、心配が募る。そんな不安を減らすことはできないものか。どんな場合にも有効な方法はないものだろうか。それが分かれば、道を歩くのが怖くなくなるのではないか、と考えた僕は、実際に東京の道を歩いてみることにしました。

　通い慣れた道であれば、とくに問題も起きず、従って何の発見も得られない。他方、（地図上で確認は終わっているけれど）初めて歩く道だと、どうしても不安を拭えない。どうすればいいのだろうか。同じ道を3回ほど歩いた僕は、あることに気づきました。

　それは「振り返り」です。文字通り、後ろを振り返ること。なぜこれが有効なのかというと、振り返ることで自分の背後を意識するようになるからです（さっき通ったところは、ここにつながってるのか…と）。背後を意識することは、自分の出発地を意識することにつながります。自分の現在地を出発地の延長として認識できるようになると、ルートが維持されやすくなりました。特に曲がり角の多い道では、曲がるたびに現在地と出発地を結び付けにくくなります。どっちを向いているの

か、目的地に（正しく）進んでいるのか、分からなくなる。でも、「振り返り」を欠かさないようにすると、曲がった方角が頭に残ります。

誰かに尾行されているのではないか？というくらい振り返って歩くようになってから、僕はほとんど「経路」を見失うことはなくなりました。まっすぐの通りで、迷う心配皆無の道でも、振り返ると、「あっ、まだまだ先は長いな」と確認できたり、「まだだいぶあるな、と思っていたけど、随分と歩いていたんだ」と気づいたり…。首が疲れてしまいますから、その点だけ注意して、ふと訳もなく振り返ってみてください。この「振り返り」は前節までの地図・地理以外で考えてきた「経路」でも応用できるかもしれません。僕たちの人生、社会、国の出発地と現在地を結びつけようとしてみるキッカケになると思うからです。

11.6.1 補足：駅ばかりに頼らない

「経路」とともに地図と向き合う重要なポイントである出発地・目的地について。

最重要なのは「駅」です。僕たちはA駅からB駅に向かうとき、A→Bのルートから早いものや快適なものを吟味しよう、と考えます。ただし、駅は、それ自体が目的ということは少ない。実際にはB駅を最寄り駅とする、ある会社に行きたい、という場合や、B駅から少しバスに乗った先の、ある会場に行きたい、という場合がほとんどでしょう。

そんなとき、ルート選定にあたって照準すべきは、B駅が最適なのでしょうか。

「○○駅下車徒歩何分」という案内を目にすると、○○駅で降り

なければならないと考えてしまいがちですが、都市部（特に首都圏）では、すぐ近くに別の路線の別の駅があることも珍しくありません。最終目的地が〇〇駅ではないのですから、本当にそこで降りるのがベストなのか、地図で確かめてみると、これがなかなかおもしろい。個別には知っていた駅と駅が、こんな位置関係にあるのか、と新鮮な発見が得られる。その結果、意外なルートが見つかる場合もかなりあります。

　駅という呪縛から自分を解き放つのです。

12　目印

街の中にも頭の中にも、
道しるべがある。

僕たちは日常生活で、否応なく地図と向き合わざるをえない場面に遭遇することがあります。例えば初めて訪れる土地で右も左もわからず、誰も迎えに来ないし、その土地に詳しい同伴者もいない、そんな場合は地図を開くしかありません。

　そんな時、地図とともに、道しるべになってくれる心強い存在があればなあ、と僕は考えていました。一定の法則や定理というか、「思考法」に出会えれば、どんな場所でも難なく進むことができる。そんな思考法がないものか。どんな場所でも、ということが重要なので、僕はとりあえず海外の地図を取り出し、何か発見がないか「凝視」することにしました。

12.1 道しるべは多くあるけれど

　自分が行ったことのある海外の街、中でも大都会であるパリの地図を手にとって、ある思考実験にとりかかりました。

　図Aはパリの市街図です。いま自分がエッフェル塔にいて、宿泊先はモロー美術館の裏あたり、と仮定してみます。日はまだ高く、体力も余っているので地下鉄でもタクシーでもなく徒歩で帰ることにした。では、そのとき、何をすればよいか。まず、歩き始める前に道しるべらしきものを調べることになる。見慣れぬ土地に、何らかの手がかりを探る、マーキングする、未知を既知にいくぶん近づけようともがく、そういう行為ではないでしょうか。

　かなり距離があるはずなので、道しるべは多い方がよさそうだ、と僕は考えました。そして、頭の中でテクテク歩く自分を想像してみました。すると、想像上の僕は歩いているうちに、少し疲れてきました。何故かというと、あまりにたくさん道しるべを設定しすぎたため。あらかじめ設定した道しるべのうち、ある場所に到着しても、まだまだ確認すべき道しるべが残っている。脇道に逸れただけで、次の道しるべに到達できるか不安になってしまう。道しるべが

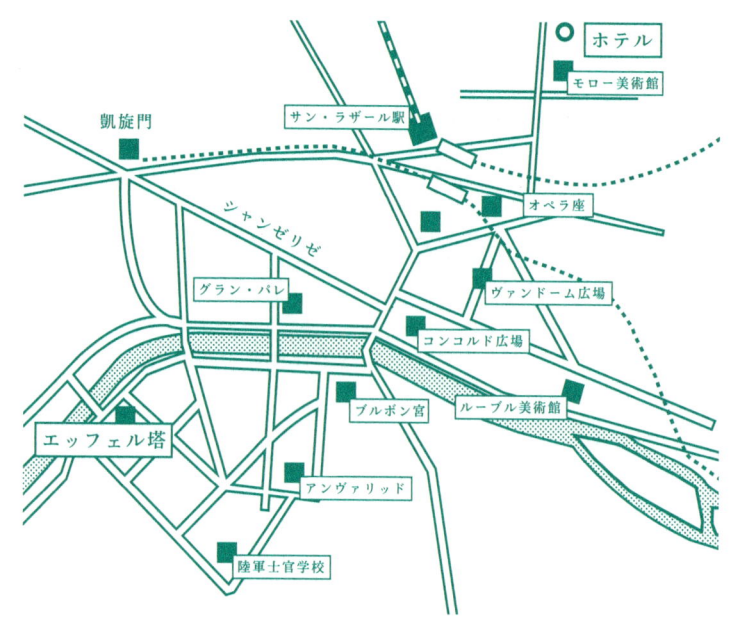

図A：パリの市街図

過剰で、「経路」に自由さがなくなってしまったのです。目的地（モロー美術館の裏）に到着すればいいのに、多数の道しるべが気になって、フレキシブルに歩けなくなったのです。

12.1.1 道しるべの選び方

そこで少し冷静になって（想像上の）僕が考えたのは、道しるべをかなりまばらにとることでした。ある道しるべの次の道しるべまでをあまり近くに置いてはいけない。実際に歩く様子を想像してみると「2~3kmに1つ」の割合でよい、というのが僕の結論です。エッフェル塔から出発して最初の道しるべはグラン・パレ、もしくは旧廃兵院(アンヴァリッド)（付設された教会にナポレオンの墓所がある）が適切だと思います。そして、その次はオペラ座やサン・ラザール駅が道

しるべとしてふさわしく、もうこのどれかに辿り着けば、ホテル近くのモロー美術館は目と鼻の先ですから、多少迷ったとしても到着可能になります。

12.1.2　道しるべとしての向き・不向き

さて、道しるべとなりうる建物や駅などはたくさん存在するけれど、適切・不適切なものが混在しているのではないか。距離ごと（仮に 2~3km）に選ぶとしても候補はたくさんある。いざ、選択するとなるとどうすればいいのだろうか。何か基準のようなものはないだろうか…。

第一基準は「動かない」ものです。

パリの地図のように、ある場所から他の場所に移動する場合なら、「動く」ものを道しるべにすることは少ないでしょう。でも、ある場所と別の場所を往復する場合、「帰りに迷わないように」と（行きの際に）うっかり「動く」ものを道しるべにしてしまうことがあるのです。つい最近も、路上に停車している派手なトラックが目に焼きついて、ついそれを道しるべにしてしまいました。いざ帰る段になって、あれ？ここにはさっき派手なトラックが停まっていたはずだから、この道に出たら、と思って迷ってしまったのです。

このことから、記憶に残りやすいものと、道しるべとして適切なものは異なる、という教訓になったのです。

道しるべは「動かない」を前提として、ならば「動かない」建築物などで、道しるべとしてふさわしいのは何か。パリの地図を見ても、建物ばかりですから途方にくれます。道しるべである以上、覚えやすいもの、奇抜なもの、巨大なものが道しるべになる、これは自然な流れです。誰しも知らぬまにそうしていますね。

「動かない」「奇抜」「巨大」に共通している要素は何か。記憶に残りやすい、遠くからでもよく分かる、迷って人に尋ねた時、尋ねられた人がその建築物を知っている可能性が高い、などでしょうか

（知名度が高い建築物はランドマークとして機能する）。

このような、道しるべを見つけ、そうすることによって、未知を既知に転換する発想を「目印」と名づけることにしました。道しるべこそ、「目印」の代表です。

12.2 「目印」は失敗まで教える

地図をもとにした思考実験にとりかかってみます。

図Bの大山駅から山田さんの家に向かうとします。その際に「目印」となるのは（道しるべの中から適切なものを選ぶと）、郵便局や交番、鈴木病院ですね。でも、待てよ、実際にこの場所を歩くとすると、色んな偶然が重なって、道に迷うこともある。そしたら、「目印」は一気に価値を失ってしまうのではないか。つまり、最終目的地（この場合は山田さんの家）に正しく辿り着くための「目印」はあるものの、道に迷ってしまえば、脱出する「目印」を持ち合わせていないな、と思ったのです。そこでもう一度、図Bを見ながら、解決策はないか考えます。

大山駅から山田宅に向かう時、曲がるポイント（角）が2ヶ所あります。この2ヶ所でミスをすると、道に迷う。それを気づかせてくれるものは何か。まず、郵便局の角で曲がり損ねると屋台村や家具屋へ、鈴木病院で曲がり損ねると銭湯へ行き着きます。とな

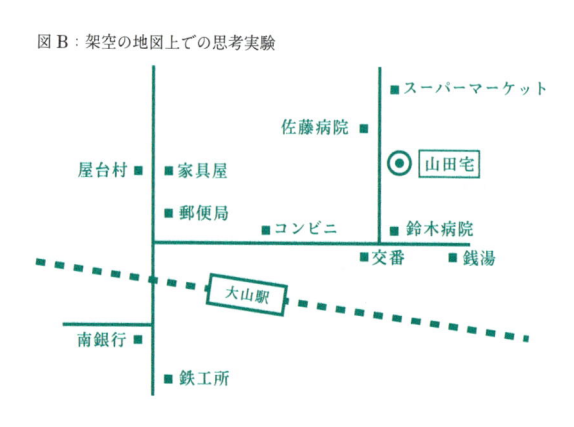

図B：架空の地図上での思考実験

ると、迷ったことを教えてくれる道しるべは屋台村、家具屋、銭湯ということになります。

ここで僕は「目印」概念を整理することができました。正しい道を進んでいることを確認する、正しい道を進むための道しるべを「成功の目印」とすると、間違った道であることを気づかせてくれる道しるべは「失敗の目印」と呼べるのではないか。セイフティ・ネットというか、転ばぬ先の杖というか、傷が浅いうちに、間違いに気づけばよいのです。間違っていることにいち早く気づくことは、時間のロスを防ぐ上でとても重要なこと。先ほど挙げた屋台村や家具屋・銭湯以外にも「失敗の目印」が存在しているはずです。

大山駅から出発する訳ですが、もし、郵便局の角がある北方へ向かわず、鉄工所のある南方へ歩き出していたら…？　これは山田宅への「経路」としては致命的です。歩きながら視界に鉄工所が入ってくれば、ああ、この方角ではなかった、と気づくので、鉄工所こそ「失敗の目印」。

他の失敗にも備える必要がありそうです。目的地である山田宅を「通り過ごす」危険性。スーパーマーケットや佐藤病院が視界に入ってきたら気をつけないといけません。僕たちはつい、大きな「目印」へ目をやりがちなので、個人宅（この場合は山田宅）のような小さな建物を見落として、先へ進みすぎる場合が多くある。「このあたりまで来たら通り過ごしている」と判断できる「目印」を、歩き出す前に心にとめておきたいものです。

12.3 頭の中を歩いてみる

今度は思い切って自分の頭の中を歩くことにしました。

頭の中を地図に喩えると、目的地にあたるものは何だろうか。駅に向かう、ビルに辿り着く、そうした目的地は、頭の中であれば、何にあたるでしょうか。「記憶」でしょう。何かを思い出そうとし

て思い出せない、ということを、僕たちは頻繁に経験します。これは、記憶（という情報）に辿り着きたいのに、なかなか辿り着けない、という事態です。いち早く記憶という目的地に到達したいのに、何かが阻害している。その障害物をとり除ければ、もやもやした霧は晴れ、目的地（＝今は名指すことができないが、必ず知っているはずのあれ）が見えてくる。

　頭の中を歩くにも自分の頭の中に「目印」があれば便利だし、「目印」を手がかりに目的地に辿り着ける。つまり、思い出せる。

　けれど、頭の中は地球以上に広い（かもしれません）。何かを思い出すための「目印」と言われても茫漠としている…と不安になります。そこは割り切って、記憶しておきたいもの、後々、思い出したくなるものの「目印」、あるいは「感触」「手ざわり」だけ自分で知っていればいいのです。何かを覚えておこう、その後有効な「目印」が発生しやすい環境をつくっておきたい、そんなときのために、僕が考えたのは、

　・汗をかく　　　・恥をかく　　　・字をかく

ことではないか。汗をかいた（多大な努力をはらった）、恥をかいた（自分一個で完結せずに、他人の視線にさらされた）、字をかいた（キーボードを打つのではなく）、こうした身体を駆使した行為があれば、いずれも記憶が鮮明で良好になる、と経験的に学習しました。つまり、頭と身体のリンクのおかげで、記憶に辿り着く「目印」が頭の中に刻印されるのです。

12.3.1　古来からの「目印」発生術

　けれど、汗も恥も字もなかなかかくのは大変です。時間もかかるしエネルギーも使う。もっと簡単に記憶へと辿り着く「目印」を頭

の中に発生させる方法はないものでしょうか。古来、様々な記憶法が試みられてきました。その中で、ローマ時代に発明された面白い方法と出会いました。その名もローマン・ルーム法と言います。これは頭の中をまず、部屋に見立て、その部屋の中に強引に「目印」をつくる、というものです。細かくご紹介しましょう。

　頭の中につくる部屋は、抽象的な部屋ではなく、できるだけ具体的なものが好ましい。間取り、家具や調度品の配置、色、形、光の入り具合、匂い、風、空気の通り道、さらには音まで細かくイメージします。それを何度も丹念に思い描きます。しばらくすると、その部屋が本当に存在していると感じられるようになる。ここまでくると、もう後はラク。記憶したい物事を、部屋の中に置いていくのです。英単語でも人の名前でも、法律の条文でも何でも構いません。部屋の中に置いてある家具や調度品などが自然に「目印」になって、いつでも記憶を取り出せるようになります。記憶したいものが増えていけば、その部屋を増改築する。例えば、6畳一間だったものを、暖炉のある立派なリビングにし、階段の脇に秘密の階段を設け、地下室をつくる。地下室には、家族には知られたくない、自分では覚えておきたい物事や人物を置いてもいいし、床の間の掛け軸の裏には、ネットで拾った有用情報を置いておくのもよし。

　と、こんな具合です。僕も試してみました。思った以上に便利です。例えば、処理が必要な事項や作業を、家事、仕事、その他に分けた上で、想像上の部屋にまず配置します。各部屋にある家具の中へそれぞれタスクを一つひとつ収納していく。すると、しばらく時間が経ってからも、きちんとタスクを頭の中から取り出せます。

12.3.1

12.4 日常生活への応用

「目印」という思考法を日常生活に利用するとどうなるか、です。

本を読む場面が思い浮かんできました。学校や塾などで教わったかもしれませんが、接続詞という言葉は実は心強い「目印」になる可能性があるのです。接続詞とは、「さらに」「なぜなら」「要するに」「それ故」…など。僕は学校で、接続詞に注目して文章を読むと理解が速くなるよ、と教わりました。ここでは、英語の文章を読む場面で検討してみます。

- 拡大
    そのうえ・さらに・僕が言いたいのは
    moreover・what is more・I mean
- 同格
    というよりむしろ・いわば・言ってみれば
    or rather・so to say・in a manner of speaking
- 推定
    その場合は・言い換えれば・つまりは
    in the case・in other words・after all
- 抑制
    あるいは・言うまでもないが
    and what not・needless to say
- 修正
    話を戻すと・それはさておき・だけどやはり
    going back to・but that said・not but
- 明確化
    悪かったけど・あのね・ちょっと聞いて
    sorry・you know・what I mean
- 譲歩
    なるほど・知る限りでは
    very well・as far as
- 告白
    ね・だからね・いいかい

mind・you know・you see
- 結果
    と言う訳で・その結果・それゆえ
    as a result・consequently・therefore
- 要約
    ようするに・簡単にいうと・そういう趣旨で
    to sum up・in short・to the effect
- 仮定
    もしそうなら・まるで・たとえそうであっても
    at that rate・as if・even though
- 備え
    念のため言えば・そうだといけないから・そうしないように
    in case・just in case・lest
- 反駁
    いや実際には・いやむしろ・たとえそうであっても
    on the contrary・actually・even so
- 対比
    一方で・というよりむしろ・代わりに
    on the other hand・or rather・instead of
- 強化
    その証拠に・それに関しては・さらに言えば
    by the same token・thereof・for that matter
- 継続
    とにかく・いずれにしても・それはさておき
    anyway・in any event・be that as it may
- 逸脱
    ところで・ついでに言えば・さておき
    by the way・incidentally・aside from
- 提案
    そういうことなら・たとえば
    if so・let us say

これらの接続詞に注意しながら、文の流れや転換や繰り返しや結論や前言撤回、そうした「息つぎ」をつかめれば、文章の理解は確実なものになると思います。文章を読む「目印」として有効なのです。

12.4

接続詞は、文章だけでなく日常会話でも多用されます。文章から会話へ、僕たちの「目印」に変化は生じるものでしょうか。会話では文章と違ってあまり接続詞を意識することがありません。文章ならくっきりと意識される接続詞が、会話の中ではつい埋没してしまうからです。話す側も聞く側も、間違いなく接続詞の恩恵をこうむっているのに、はっきりと意識せぬままに使ってしまうのです。

　会話をよく観察してみると、使う頻度の高い接続詞は人によってまちまちであることに気づきました。僕の場合は、「なるほど」を異様に多用する、と指摘されます。「てか」(「というか」)を多用する人もいますし、「だから」「なので」が口癖となっている人も僕の周りにはいます。

　これらを分析してみました。「ていうか」「てか」を多用しがちな人はすぐに新しい話題に移りたがる、飽きっぽい人、「要するに」が口癖の人は結論を急ぎたがるせっかちな人、「でも」が多い人は、他人の言うことを素直に受け入れるのが苦手な人、「だから」が多い人は自分の主張を人に押し付けたがる押しの強い人、「だって」が多い人は言い訳が癖になっている人——そんな印象を受けます。

　皆さんの周りの方々の「接続詞」の癖を、少しだけ観察してみてください。僕たちは誰でも、想像のつかない、奇怪な言葉のやり取りをしていることに気づかれると思います。そして、それにもかかわらず、見事にコミュニケーションが成り立っていることに驚嘆します。

　接続詞は、人間の内面や心理状態、性格などを（はからずも）示す「目印」になるように思います。だからこそ、会話では接続詞の使用に少しだけ自覚的になってよいのでは、と思うのです。何らかの（意図せざる）メッセージがこめられてしまう。「目印」が、本人の意図から離れて自己主張してしまう可能性もあるし、無用の対立の元になるのです。押し付けがましいとか、性急だとか、飽きっぽいなど、そんな印象を聞き手に与えてしまう恐れがあるのです。

12.5 生活で役立つ「目印」

　覚えておくだけで役に立つ「目印」はあるのでしょうか。困っているときに助けてくれる、役立つ「目印」はあるでしょうか。日常的に、自分が困る状況を思い浮かべてみます。たとえば、街中で自分がどんなときに困っているのか…。

　最も困るのは、道に迷った場合です。そんなとき「目印」となって助けてくれるものは何だろう。まず、地図でしょう。ケータイなどで地図を即座に調べにくい場合は別にして、ケータイであっても、街角の地図でも、駅構内の地図でも、とにかく地図は大変役に立ちます。要は、地図をすぐ簡単に示してくれる存在が「目印」なのです。コンビニもそうです。コンビニへ駆け込めば、道路地図から市街地図まで各種地図が取り揃えてあります。コンビニ以外だと…。駅がよさそうです。駅、特に改札を出たすぐの場所に駅周辺を示す大きな案内板がありますね。コンビニ、駅、それ以外なら交番。無人であっても、交番の入り口付近には必ず周辺の地図が掲示されています。

　コンビニ、駅、交番、これら3つはいずれも「目印」として有効、ここに駆け込めば目的の「地図」が手に入るからです。少なくとも現在の日本の都市には、コンビニ、駅、交番という「駆け込み寺」がある。一種の社会的インフラだと思います。

　道に迷う以外だと、僕たちが街中で困るシチュエーションは、トイレに急に駆け込みたくなること。僕はトイレが近いので困りますし、焦ります。街中のトイレ探しにだんだん慣れてくるうちに、無意識のうちに一定の「目印」を手がかりにしていたことに気づきました。

　その「目印」とは商業ビル。ビルであればなんでもよいわけではありません。オフィスビルは無視します。いつも商業ビルとその中にあるトイレを探していたのです。商業ビルには必ず、誰でも自由

に使えるトイレが設置されており、飲食フロアがある階なら必ず見つかります。オフィスビルにもトイレはありますが、ビル使用者限定フロアに設置されていることが多く、切羽詰まった状況で、おおいに困ったものです。商業ビル、より厳密には飲食フロアが（トイレの）「目印」として、困った僕を助けてくれているのです。

12.6 「目印」は指標にもブランドにもなる

「目印」は街中、頭の中、日常生活の中で、目的・目標となるものへ導いてくれる、近づきやすくしてくれる存在を発見しようとする思考法ですので、どんなジャンルにも応用可能。使いやすいし、応用しやすいし、とっつきやすい。「あ、これはいい目印になるかもしれない」と気づけば、芋づる式に増えていきます。自分が「目印」だと認定できれば、他の人の考えはいざ知らず、もう「目印」と呼んでいいのです。

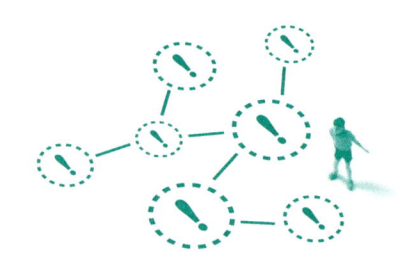

本の読み方は人それぞれ。たとえばある単語をあらかじめ「目印」として設定し、小説でも教科書でも実用書でも、本を読み進めれば、だれとも異なる読み方ができるはずです。あらかじめ「バイアス」がかかるように設定するのですから、一般的・模範的読解から解放されると思うのです。自分が難しいと感じたものを「目印」、つまづきの足跡として読み進めれば、自分の理解が浅い部分が浮かびあがります。「この言葉が妙に気にかかるので、その都度気をつけたい」とすれば、著者独自の考え方にチューニングすることが早くなるかもしれない。「目印」は自分の個性や志向を反映するのです。

さらに仕事でも、自分固有の「目印」は僕たちを助けてくれま

す。固有、という点が大切で、だれもが「目印」と感じているものではなく、あまり気づかれていないけれど「目印」になりうるものを発見すれば、自分独自の分析や解釈が行えます。

　僕が人から聞いてなるほどと感じたのは、新車を買うことは消費意欲や消費行動の分かりやすい「目印」である、とする仮説です。お金の回りがよくなると、とりあえずクルマを買い換えるか、となりやすい。新車の販売台数は経済指標のひとつとして重視されているようですし、実感とうまく重なります。クルマのグレードアップに反対する家族は少ないでしょうし、金回りがよくなったからといって、時計を買い換えるとか、コートを買い換えるでは、家族の同意を得にくい。クルマの購入（買い換え）は、その意味で、消費の晴れがましさを体現するものだと思うのです（家やマンションよりは格段に価格が下がりますし）。

　他にも、特定のブランド品が一部の人たちにとってはオシャレの「目印」になっていることを知ったり、新聞・テレビが大きく取り上げる話題と、ネット上で大きく取り上げられる話題の違いに注目し、メディアごとに「大事なもの」と見なす「目印」に微妙なズレがあるのではないか、と考えてみたり…。これも「目印」の効用のひとつ。

　ブランド品は、人によって「目印」とするものに大きな違いがあることを教えてくれる好例です。ブランドとはそもそも何か、も考えさせてくれます。まず、「目印」が各人固有のものであったことを思い出して下さい。つまり、「他とは違う」ことの演出にブランド品が用いられているのです。「他と違うあり方」を欲する人が、しかし、一定数集まると、そこに嗜好の集団ができあがる。ブランド品はこうした機能を果たす媒介なのではないでしょうか。

　ブランドは、その定義上、少数の（経済的に）余裕のある人々に向けられた、稀少性を拠り所としています。多くの人には知られていないが、分かる人には分かるものをさりげなく持つ、そんな使われ方をするものです。「知る人ぞ知る」でよい、という見切りに立

12.6

って購われ、身につけられる商品群ではないか。

　ブランドのパワーとは一見しただけではすぐに分からない「目印」を備えていること、「凝視」することではじめて発見される「目印」を備えていることなのです。注意力が足りない人には分からないかもしれないけれど、自分は違います、自分には分かるのです、知っていますよ、鑑定眼があるのです、そんなふうに自分を（誰にともなく）アピールし、押し立てる媒介的な商品です。高額・稀少だけではブランドたりえない。手が届くかもしれない、という厖大な（潜在的）購買層が、その商品を認知している、そのことがブランドをブランドとして自立させるのだと思うのです。

13 交差点

交わって生まれるもの。

街の中を歩いていたり車で移動していると、本当に交差点って多いな、と感じます。1分おき、あるいは30秒ごとに多くの交差点が出現します。待ち合わせ場所にしても、運転中に曲がるポイントにしても、僕たちは常日頃「交差点」に接します。あまり意識しないけれど、無意識の中で交差点は大きな存在感をもち、その存在を誇示していると感じるのです。僕たちはあることをきっかけに交差点を意識していたことに気づく、そのときぼんやり意識に浮上してくるのです。こういうモノのあり方はちょっと珍しく、クラスの中で名前も顔も知っているけど、普段忘れている、けれど、街角で当人を見かけると、「あっ、そういえば」と思うあの感覚に似ているのです。

　思い浮かぶ交差点を数えてみました。いずれも、日ごろよく通過している、待ち合わせに使っている、道案内に使っている、そんな交差点とその風景が思い浮かんできたのです。まさしく「目印」です。ちなみに、「目印」として交差点の種類や数を増やせば、それだけ役立ってくれる「目印」が増えますね。いま気づきました。

13.1 交差点を知っておくとラク

　道案内をするとき、特に目的地から近く、分かりやすい駅がない場合、僕はよく交差点の名前を使って説明します。「××交差点から一本入った路地の右側」というように。また、地図には必ずといってよいほど、「目印」として交差点が表記されています。道案内で意識的に交差点を使うと、使わないときと比べてどんな違いがあるのか、僕は思考実験を試みました。

　図Aをご覧下さい。これは東京都港区の地図です。

　六本木ヒルズからロシア大使館へタクシーで向かう場合、どういう道順をタクシーの運転手さんに指示するのが適切か、です。もちろん、「ロシア大使館へ行ってください」でことがすむ場合がほと

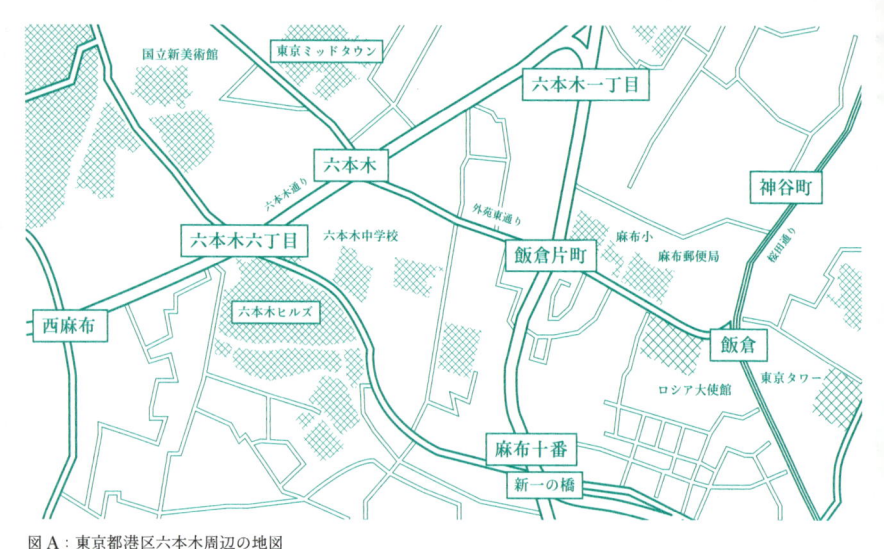

図A：東京都港区六本木周辺の地図

んどです。しかし、最近は、必ずしも東京の道路に精通している方ばかりではないので、実用的な実験でもあるかなと思うのです。さて、単に「ロシア大使館へ行ってください」ではなく、「お任せします」でもなく、「カーナビを使ってください」でもなく、自分好みの「経路」を指示するなら、どんな指示がよいか。

単純に道路名などを使った指示だとこうなります。

「六本木ヒルズを出たら、六本木6丁目の交差点を右に曲がり、そのまま六本木通りを六本木の交差点まで。そこを右に曲がります。外苑東通りをずっとそのまま行くと飯倉交差点に出ます。目的地はその手前なので、外苑東通りを進んで飯倉交差点を目指してください」

一方、交差点をメインに据えて指示しようとすると、

「まず、六本木ヒルズを出発して、六本木交差点へ出たら、次は飯倉の交差点へ向かってください。飯倉交差点手前で下ろしてください」となります。

この2つの指示を比べれば、後者が説明として分かりやすいでしょう？ 左だの右だの、東側などと複雑な指示をしなくてすみま

す。もちろん、「経路」は 1 通りでなくてよいので、他の「経路」を採用すると次のような指示も可能です。

「新一の橋交差点 → 飯倉片町交差点 → 飯倉交差点の手前」

これは六本木交差点付近が混みあうことを嫌った「経路」です。

これまで僕は、「六本木通りを右に行った後、外苑東通りを南へ」というように、道路名と方角、左右を織り交ぜて指示することが多かった。頭の中で方角や左右、似通った道路名（外苑東通りと外苑西通りなど）がごっちゃになってしまい、時には自分が混乱したり不安になったりすることが多かった。反省してます。

交差点をメインにした道案内が分かりやすいのは、そもそもなぜか。少し考えると分かりました。交差点→交差点間を指示すれば、それらを結ぶ「経路」を言わなくても、おおよその「経路」が伝わるから。融通が利く、とも言えます。細部よりも概要を共有すれば、話が早いのです。A 交差点から B 交差点へ、とわかれば、A―B 間を結ぶ道路や「経路」を自然に想像できますので。

自分が知っている交差点を 2 つ思い浮かべると、僕でも交差点間の道順や「経路」が思い浮かびます。

最近の大阪市内の経験ですが、北新地から市立科学館に向かう際に、道順を交差点をメインに整理すると、極めてラクだと実感しました。図 B をご覧ください。

梅田新道交差点から大江橋南詰交差点 → 渡辺橋南詰交差点 → 田蓑橋南詰交差点 → 市立科学館前交差点、と案内せずとも、大江橋南詰交差点から田蓑橋南詰交差点の間は一本の道路なので、ここは省略してよく、梅田新道交差点 → 大江橋南詰交差点 → 田蓑橋南詰交差点 → 市立科学館前交差点、と案内すれば済みます。他にも、桜橋交差点 → 出入橋交差点 → 市立科学館前交差点や、桜橋交差点 → 肥後橋北詰交差点 → 市立科学館前交差点、なども考えられます。

道路や通りの名を記憶せずとも、道路や通りはあくまで交差点同士を結んでいる直線や「経路」に過ぎない、と思えば便利なのです。交差点を重点的に意識すれば、日常生活にも役立ちます。

13.1

図B：大阪市北区周辺の地図

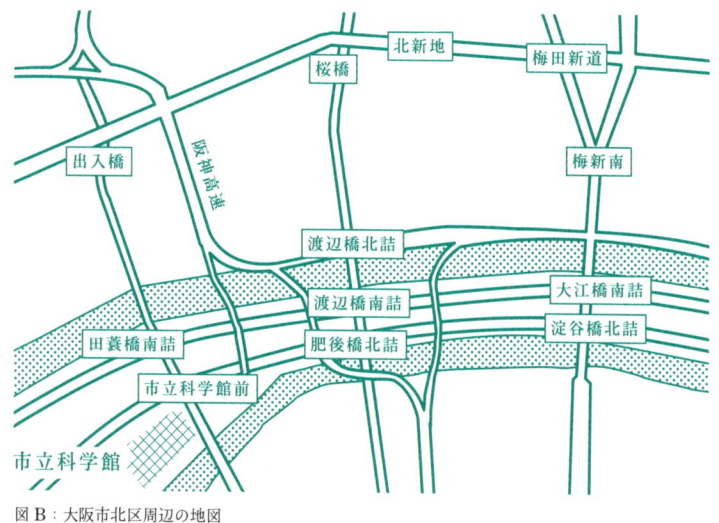

　ここで僕が思い出したのは（京都出身のせいもありますが）、京都市内の交差点。京都市内は、碁盤の目になっていて分かりやすい。分かりやすさは実は交差点に起因することに気づいたのです。図Cの京都市内の地図、そして、交差点名をよくご覧ください。

　例えば四条河原町や堀川五条、烏丸五条。他にも色々ありますが、これらの共通点、お分かりになったでしょうか？

　そうです。交差する2つの道路を組み合わせて交差点が名づけられているのです。そのおかげで、京都市内では、交差点の名前から、何通りと何通りが交差しているかすぐに認識できる。交差点の名称が空間的な通りの配置を自然に教えてくれる。四条河原町であれば、四条通と河原町通が交差していることが名前から分かりますし、堀川五条は堀川通と五条通が交差する交差点、烏丸五条は烏丸通と五条通が交差する交差点。一目瞭然です。

　もちろん例外もあります。例えば、百万遍交差点。これは今出川通と東大路通が交差している場所なので、本来、今出川東大路、なんていう交差点名でもよいはずですが、例外的に、この交差点の北

13 交差点

東に位置する知恩寺の通称であった「百万遍」から名づけられています。

こうした例外は多くありません。京都市内を旅行する際は、迷ったら交差点に注目するとラクだと思います。京都に慣れていないと複雑な名前の通りが数多くあって、混乱しがちですが、「交わる2つの通りから交差点名はつけられている」ことを思い出せれば、方

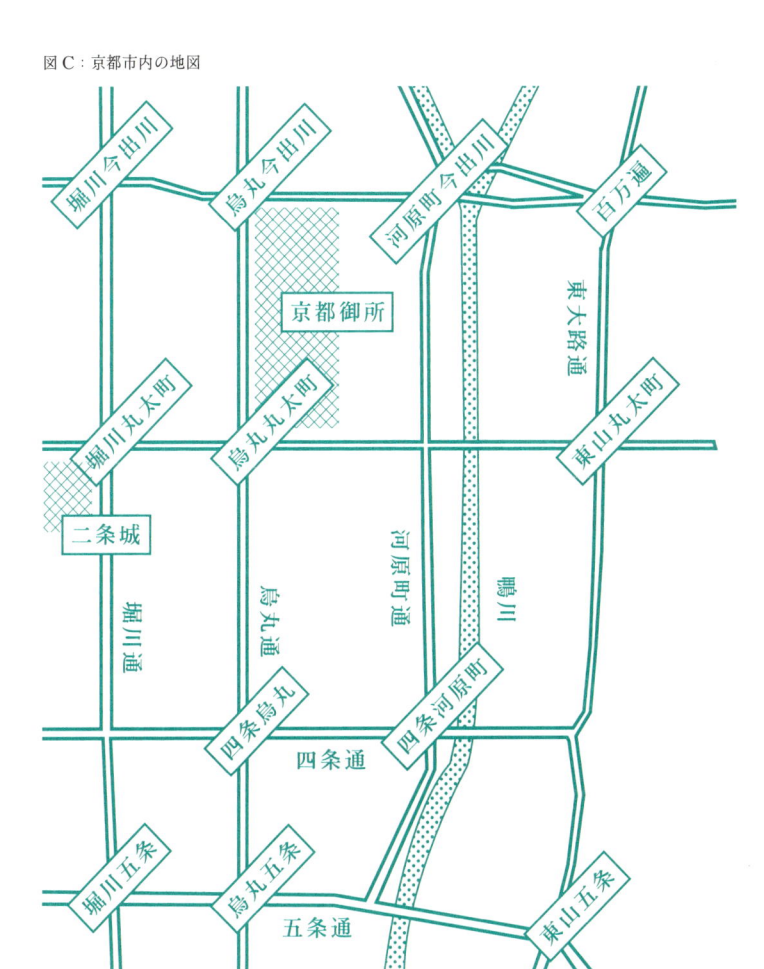

図C：京都市内の地図

13.1

角コンプレックス、地図音痴の方でも気が楽になるはずです。自分がいま立っている通りの名前もすぐに分かるようになります（四条烏丸の交差点が見えるから、ここは四条通か、という具合に）。合理的ですね。

13.2 交差点「的」なるものの発見

今度は世界地図を見てみましょうか。

世界地図の中に「交差点」はあるのだろうか、近いものは何なのだろうか。ぼんやり見ているだけでは、「溜池山王」のように一目で交差点と分かるものは記されていません。世界地図上における交差点は…。交差点的なるものは…。しばらく途方に暮れていましたが、「交差点とは道が交わる場所」を意識しながら見ていると、何だ、しっかり交差点はあるじゃないか、と気づいたのです。

世界地図上に記されている「道」と聞いて、すぐに思いつくのはシルクロードくらい。各国内の道路は小さすぎて記載できない。しかし、目に見えない道がある。それは「文化」や「歴史」です。世界地図上で「文化」や「歴史」を道と捉えれば、それらが交わって生じた、交差点「的」なる地域があるのです。

例えば、ペロポネソス半島。ここはまさにアジア文化とヨーロッパ文化の交差点。トルコも同様に捉えることができます。トルコの中でもさらに小アジアなどは、中東以東のアジアとギリシアの交差

図D：ペロポネソス半島とイベリア半島の位置

点とも考えられます。現在でも、建築物や文化に見てとることができる。また、スペインやポルトガルがあるイベリア半島は、ヨーロッパと新大陸の交差点として機能した時代（大航海時代）がありました。

こうして考えると、世界各地に歴史上・文化上の交差点が数多くあることに気づかされます。道を単なる道路と捉えずに、何かが歩んでいる・歩んできた「経路」と受けとめる。そうすれば、目に見えない交差点は存在するのです。「交差点」という思考法にやっと出会えたのです。

13.3 何かと何かが一瞬交わる

交差点はどれ1つとして同じものが存在しません。交差点とは、道と道とが一瞬交わる・出会う貴重な場所であり、だからこそ「目印」にもなり、道案内でも便利であるということ。僕はこの「一瞬性」こそ「交差点」という思考法が持つユニークな特徴だと考えました。

13.3.1 頭の中の「交差点」

あまり聞き慣れない単語かもしれませんが、セレンディピティという言葉をご存知でしょうか。これは「偶然による発見」と記されることが多い英語です。例えば、アルキメデスの「ヘウレーカ（ユリイカ）！」という故事（アルキメデスがお風呂に浸かっているときに、流体中の物体は、それと同体積の流体の重さの浮力を受けその分軽くなる、と思いつき、ヘウレーカ！と叫びながら風呂から飛び出し、裸で走った、云々）や、ニュートンがリンゴの落下を眺めて、万有引力の法則を思いついた、という話がセレンディピティの例として挙げられます。

合理的な説明ができないのに、あることを突然思いついたり、発見することがある。だれにでも起こりうることです。散歩中に、突然、難渋していた仕事の打開策を思いついたり、バスに揺られているときに、突然（読んでしばらく経った小説の）謎が解けたり。そんな感覚を養おう、というときに、セレンディピティを大事にしよう、と言うのです。

　セレンディピティは偶然の産物、だからなぜ生起するかは考える必要もない、と思いこんでいました。「交差点」を知ってから僕は、アルキメデスの「ヘウレーカ！」もニュートンの「リンゴ」も、僕たちの散歩やバスの中での出来事も、単なる偶然の積み重ね「ではない」と思うようになったのです。自分の中の予感と理解が偶然に交差した瞬間、つまり予感と理解の「交差点」がこそがセレンディピティの本質ではないか。ぼんやりした予感と理解が、それぞれ別の方向から進んできて、自分の中（脳）でぶつかる（ここで言う予感は、恋の予感のような予感ではなく、ポランニー言うところの「暗黙知」のようなものだと思います）。偶然と見えるのは、このぶつかるタイミング・時間・場所が偶然であるというだけではないか。こう考えると、いわゆる「発想に富んだ人」とは、頭の中に「交差点」、しかも異種の発想の激突が多数発生している人なのではないか、と思われるのです。

　どうすれば頭の中の「交差点」を増やせるのか。予感や理解がぶつからないと「交差点」は生まれない訳ですから、ぶつかるように自分で工夫する、心がければよい…。

　僕の普段の仕事は広告の表現（CMやポスターのアイデア）やキャッチコピーを考えることなのですが、やはり「交差点」が生まれた瞬間に、「これはいいアイデアだ」「これは的確なキャッチコピーだ」と感じます。いつも同じような予感や理

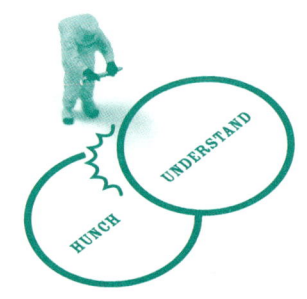

解をもとに仕事をしていると、似たり寄ったりの「交差点」しか生まれてこない。考えているはずの自分がまず飽きてしまう。対策として、自分の予感や理解、考え方の「クセ」を自覚すべきなのです。自分の好きなものや課題に対する理解のクセ、つまり自分の感受性や理解の仕方がどんな「方角」に偏りがちかを意識していく。意識して普段と違う「立場」に立つ、すると、どこかで従来の僕の予感とぶつかるときがくる。そこに生じる「交差点」に、どんなアイデアがころがっているのか、かえって楽しみになるのです。そう考えれば、いわゆるスランプに陥らずに済むのではないか。少々楽観的ですが、こう言い聞かせて気を楽にするのです。

予感と理解を僕はこんなふうに考えています。「予感」とは、未知のものを見る視力、推測するための技術、正誤を判断する感覚、これらを「無意識」のうちに行うこと。「理解」とは、理解しようとする対象を自分の中でどう定義づけるか。

例えばリンゴに対する理解、といっても、人によって様々でしょう。ある人は「赤い果実」、ある人は「木になる果物」、ある人は「青森の特産物」というように。自分の理解の「クセ」とは、自分はいつも即物的にモノを見る「クセ」があり、リンゴと聞くとまず「赤い果実」と理解しがちである、ということに示されているのです。

13.3.2 社会の中の「交差点」

何かと何かが交わって生まれるものの1つとして、頭の中のアイデアを例に挙げて考えました。アイデア以外で、2つのものが交わって生まれるもの、たとえばハーモニーやブランド、コラボレーション、新たな人間関係、結婚、伝染病の流行…。まだ色々あるでしょう。

ハーモニーと言えば、思い出すことがあります。ハーモニーは相性と言い換えられる。先日、焼き鳥屋を訪れたときに、店主から、この焼き鳥にはこのワインが「合う」と教えられ、僕が「こっちの

ワインだと合わないのですか？」と聞くと、味が喧嘩するからね、と教えられました。焼き鳥とワインのハーモニー（相性）が、価値を決定する。別のワインの方が値段は高かったのですが、内在的な価値は別なのでしょう。複数のものが集まってくる場＝「交差点」の持つ価値を測るのが大切にされているのかもしれない。単体での評価ではわからない領域だと思います。今の気分には、この音楽だな、と僕たちが音楽のジャンルを選ぶのも、気分と音楽の「交差点」を重視していることになります。

伝染病の流行もまさに「交差点」です。パンデミック（感染爆発）という言葉がありますが、じわじわ上陸しはじめた伝染病（たとえばインフルエンザ）が、あるタイミングで爆発的に流行するのは、「上陸×広がり」と、例えば「季節（冬など）や気温×湿度」などが出会う「交差点」あればこそ、なのです。

病原菌は僕たち人間にとって、たしかに大きな脅威です。しかし、実験室のシャーレの中の病原菌は、あくまで潜在的な有害性を保つだけ。人間と動物、人間と人間、人口密度、衛生環境、予防策、習慣のあれこれ、教育、これらの集合体がパンデミックを招来する。多くの要因の足し算というより、掛け算が交差点を危機へと呼びよせる訳です。

僕たち日本人は色んなものを「交差」させるのが好きです。身の回りのものをよく見れば、ケータイにカメラをつけてみたり、エアコンにマイナスイオンという効能をもたせたり…。シュールレアリズムとは「手術台の上でミシンとこうもり傘が出会う」ようなものと表現されますが、その説に従えば、日本人にはシュールレアリストが多いということになる。神も仏もイエスさまも区別しないのが僕たちの「雑種文化」（©加藤周一）です。

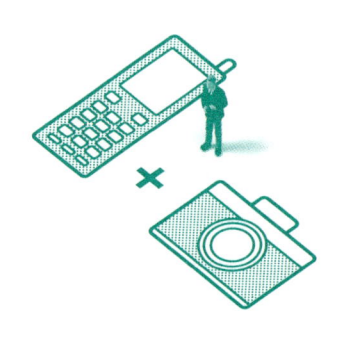

14 探索

手がかりと答えは違う。

街を歩いているときやクルマを運転しているとき、本当に迷ったらどうすればいいのか。カンが働かず、目的へと導いてくれる発想法「経路」も使えない場合、僕はどうすればいいだろう、とふと心配になってしまいました。そんな事態に備えて、前もって何か思考実験をしておこう、と思います。

14.1 迷子から脱するためには？

　僕は普段、仕事の移動には徒歩が多いのです。鉄道を乗り継ぐ時間と、徒歩で向かう時間に大差がなければ、必ずといっていいほど歩きます。路地裏を通ることも多く、迷子になって途方に暮れる、そんな実験のチャンスならいくらでもあります。ある日、僕は東京都港区のど真ん中で思考実験を敢行いたしました。

　ケータイもいま手元にない。さらに人の姿も全く見かけない。そもそも、いま自分がどこにいるのか把握できない。いま歩いてきた道のりも忘れてしまったし、後ろを振り返っても、似た景色ばかりで手がかりがない…。完全に道に迷った状況を仮定します。

　人がいない、なんて、この国に住んでいる以上、また、僕たちが日常、訪問するどんな国や地域でもありえないので、とにかく人を見つけにかかろうとするのも1つの解決策ですが、それは今回「なし」にします。切迫している訳でないけれど、つまり、ビルや人家は周りにあるけれど、その中に入っていって道を尋ねるのは少し気が引ける、なんて時があります。港区のとある地点で、まさにそんな状況にあると設定してみましょう。

　まず「目印」を探せばいい。「目印」という思考法は、かなりの手がかりを与えてくれます。あっ、遠くの方にかすかだけど見覚えのあるビルがある。線路が見えるから駅があるに違いない、駅があれば地図もあるだろう、という具合に、「目印」がないか辺りを見回してみるのです。「目印」さえ見つかれば、迷子の状態からは脱

せますし、歩いてきた「経路」に復帰することも可能でしょう。新しい「経路」を見つけることもできなくはない。

ただ問題は（さらに深刻な事態を仮定して）、めぼしい「目印」さえない場合、どうするか、です。ここからが本格的思考実験。

14.1.1 「目印」もない場合は？

でも、ここで僕はしばらく呆然とすることになります。「調べる？」「探す？」「そもそも何を？」「どうやって？」「いま？」「ん？」、という色んな「？」が頭の中を激しくかき乱します。とにかく、全く何をすればいいか分からない。「目印」さえない状態を設定したことが、思考実験としては不適格だったのではないか、とさえ思い始めました。でも、どうもここで投げ出したくない。粘りたい。そう考えて、少し心を落ち着けると、「何を探すべきか」を考えるべきだと思われました。僕はいま、港区のとある地点で「路頭に迷っている」。

「目印」も見当たらないとすれば、探すべきは人が多い場所、「目印」が見つかりやすい場所ではないか。そんな場所は大通りであるはずだ。とすると…。

空車のタクシーを探せばいい。タクシーは入り組んだ路地裏を通りかかることがあります。空車は、誰もいない路地裏なんかからさっさと大通りへ向かうでしょう。ということは、空車を見つけ、そのタクシーが流れていく方向を目指せば、とりあえず人の多い場所に出られるに違いない。

大通りへの手がかりとなるものは他にないだろうか…。大通りと路地裏に違いがあるとすれば何だろう。普段歩いている街中を想像してみました。世田谷区を訪れたときのことが思い出された。それ

は、坂が多い（世田谷区は坂が多い）場所では、住宅街に向かうにつれて上り坂になっている。つまり、道を下って行けば、大通りや駅に近い場所に出るということです。よく考えれば、いわゆる高級住宅街は高台に多い。迷っている場所が比較的高所に位置しているなら、とりあえず坂を下るのがよい。オフィス街など、ビルが密集する地域では役に立ちませんが、住宅街では便利です。

　街中を想像してふと思い出したのは、今度は、電信柱に掲出されている番地表示です。どんな路地裏でもオフィス街でもよく目にしますね。そもそも住所の番地（表示）には法則があるのでしょうか。番地の数字は、街の中心から郊外に向かうにつれて大きくなっていくようなのです。僕の家の周りでは当てはまります。駅に近いほど番地の数字が小さい。これは便利です。迷っている場所で電信柱を見て、もし数字が大きい（7丁目、8丁目など）場合は、少し歩いて番地の数字が小さい（1丁目や2丁目）場所へ向かえばよいわけです。

　以上3つは昼間しか使えません。夜でも使える「目印」はないか。住宅やビルもありうるでしょう。でも、明かりがあまりついていない街並を想像してみると、むしろ、単純に光が集まっている場所を探せばいい。比較的遠くても光が密集していれば人も車もあるはずです。

　これらは「検索」というより、ではなく「探索」。路頭に迷って抜け出す場合、「検索」は無理でも、なんらかの手がかりを「探索」していたのではないか。

　「調べたい何か」が自明であれば「検索」、「そもそも何を探すか」から始めねばならないのが「探索」。さしあたり、この定義を携えていこうと思います。

14.1.1

14.2 「探索」と「検索」の違い

「探索」と「検索」は違う。これまで意識したこともありませんでしたが、日常生活に応用が効きます。仕事柄、僕は調べものをする機会が頻繁にあります。そんなとき、「検索」「探索」の違いを頭に置くと便利なのです。例えば、「本能寺の変」について調べるとして、「検索」であれば、本能寺の変をサーチエンジンに入れるだけ。他方、「そもそも何を探す／調べるべきか」から確認しなければならない「探索」であれば、「なぜ秀吉は本能寺の変で得をしたか」や、本能寺の変から連想される類語（クーデターや下剋上）を調べることになるのです。

いま僕たちが頻繁に使うのは「検索」でしょう。「検索」ならヤフーやグーグルが速くて正確ですし、ウェブサイトにはさまざまなリンクが顔を覗かせています。しかし、ウェブ上には司書やキュレーターはすぐに見当たりません。検索エンジンやウェブユーザー、サイト運営者たち自身が司書やキュレーターでしょう。コンテクスト（文脈）を自分で設置し、限定し、情報を囲い込み、絞り込んでいく——これを自力で行うのです。

（余談ながら、ひとこと。先ほど、本能寺の変を例に挙げました。歴史は、僕たちが普通教わるそれによれば、戦国時代に信長が現れ、秀吉、家康になり、江戸時代が終わりに差し掛かると黒船がやってきて明治維新が起こり…これの連続です。そもそもどうして戦国時代になったのか？　その戦国時代の前は？　その前の前は？　武士？　武士が現れる前から弓や刀はどう使われていたのか？　歴史を遡っていけば、いくつもの「ルーツ」にまつわる疑問Qが浮かび上がってきそうです。）

「検索」という行為は、（Qを決めて）最初にキーワードを打ち込むので、そのキーワード以外に発想が広がりにくい欠点があります。知りたいことにだけ行き着く。「検索」は答えを知ろう知ろう

とする、どこか前のめりな印象で、他方、「探索」は落ち着いていて、まずは手がかりをどう探すかに集中する、そんな印象が僕にはあります。

14.2.1 書店での「探索」と「検索」

ウェブに頼り切っていると、いつのまにか「検索」しか使わなくなってしまいます。では、ウェブを使えない場面、例えば書店で本を探す場合など、どうすればいいでしょうか。仕事柄、調べ物をする機会が多いので、僕は書店に検索機があるかまず「探索」します。大型書店のほとんどに置いてあります。そこでダイレクトに書名を打ち込んだり、書名から連想されるトピックやその関連語を打ち込んで、表示されるコーナーに移動します。ヒットした本の周辺には「類似」書が多数ありますので、周囲の本にも注意を向けます。すると存在さえ知らなかった本に簡単に出会えます。探していた本が見つかったら、その巻末もしくは欄外などに掲載されている参考文献に目を通し、気になるものがあればまた書店で「検索」します。時には書店員さんに直接尋ねることも。本に詳しい方や、特定のジャンルに該博な知識をお持ちの方に出会うと、多くを教わります。

また、「探索」の醍醐味の1つは、ジャンルを変えることです。例えば日本史の文献を探す際に、歴史ではなく美術史から「探索」してみたり。これは「立場」を変えてアプローチする「探索」とも考えられます。

そもそも、どの書店で「探索」「検索」を行うか。本によっては図書館で「探索」「検索」を行った方が早いものもあれば、ウェブ上が便利なものもあります（新刊でなければ、古書店や図書館が圧倒的に便利ですね）。これはカンとしか言いようがなく、僕も古い本や雑誌が必要な場合は図書館、新しい本や雑誌なら書店、時間がない場合はウェブと使い分けています。いつでも期待が叶えられる

とは限らない。研究者に尋ねれば即座に解決、という方法もあります。探している文献の何倍もの成果があがるので、これは大きな魅力です。

14.2.2　書店での「探索」を世の中に当てはめる

　書店で「探索」するとは、じつは、何を「探索」していたのか。「検索」はすでに自分が知っているものをピンポイントに調べること、「探索」は「そもそも何を探すか」から考えること、と定義しました。「そもそも何を？」というのは、言い換えれば、「まだ自分が知らないものを探すこと」なのです。知らないものを探す…。ちょっと奇妙な振る舞いですね。でも、知らないからこそ、探さないといけない。書店での「探索」は「まだ自分が知らない本を探す」行為なのです。逆に「自分がすでに知っている本」とは、おおよそ書店のどこに存在するかわかっている、ということなのです。

　すでに知っている本、これは、僕たちが身につけた経験や知識に喩えることができます。書店を、社会や世の中に喩えることが可能です。ならば、自分が知らない知識や経験を得るためには、自分がすでに得ているものから、あらかじめアタリをつけ、方角や領域（書店で言えば棚）に嗅覚を働かせる必要がある。また、自分がすでに得ている知識・経験（書店で言えばすでに読んだ本）に、どんな属性や特徴や偏り（書店で言えば、5Fに集中しているなど）があるかも把握しておきたいところです。未知は既知の隙間に顔を出すからです。

　好奇心が生じるのは、自分の知識の隙間を自覚すればこそだ、と言われます。「自分がすでに知っていること」を知らないと、隙間は自覚できません。何となく隙間があるので

はないか、という程度では隙間は見つかりませんし、隙間を埋めることもできません。不思議なことですが、隙間がその気配を濃くする機会が訪れる。これが知らないはずのことを知る入口なのだと思います。

14.3 「探索」は疲れるのだろうか

　僕たちは人生で、実にしばしば迷いにとらわれます。すると、自分とは誰か、自分にふさわしい職業や生きる場所は（ここではない）どこかにあるに違いない、という思いに強くとらわれるようになる。これが「自分探し」。就職活動中の学生さんに会うと、今でも「自分探し」を強いられているんだな、と驚きますし、痛々しい印象が残ります。自分に向いている職業がきっとどこかにある、それを求めて心の中や世の中を旅しているように感じます。「検索」できないたぐいのことですから、立派な「探索」でしょう。しかし、多くの場合、時間とエネルギーを消耗するのは必定です。「探索」とは「そもそも何を探すか」「その手がかりは何か」を考えるものである以上、「探索」の行為と対象（共に自分）がごちゃ混ぜになっている「自分探し」は、僕には不毛に思えてなりません。「探索」はあくまで手がかりを探すための行為であって、答えが見つかることはないからです。

　誰かに何かを伝えようとしてもそれが伝わらない、そんなときに役立つ伝達ツールはあるのでしょうか。自分の中の何かをうまく、「そう、これなんだ」と表現できる方法やツールがあったら、仕事でも生活でも少しばかり幸せになる気がします。

　自分（の思っていること・伝えた

いことなど）を表現するツールとしては、

> 話し言葉　書き言葉　短歌・俳句・詩などの文芸　話芸（落語や漫才、時には駄洒落など）　写真　絵画やデザイン　音楽（楽器や楽曲）　映像　表情　声　身体（ダンスや劇など）　ビジネス（働き方など）

…色々考えられます。これらの大半は、子どもの頃に習わされる。作文を書かされ、絵を描かされ、詩も書かされたこともあるでしょう。歌も歌い、リコーダーも吹き、芝居にみんなで参加したり。ですが、記憶を辿っても「自分の伝えたいことを表現するための手段だよ」と教わった記憶はありません。勿体ないことでした。

　先ほど、就職活動の話をしましたが、よく「コミュニケーション能力」というテーマで質問を受けます。これは自分自身を伝達するツールに悩みを抱えている学生が多いからだと思われます。しかし、そもそも、「コミュニケーション能力」を「話し言葉」「書き言葉」「声」ばかりに限定してしまっているからこそ、「コミュニケーション能力が低いのではないか」「誰も自分を分かってくれない」と悩むことになるのです。まだ、自分にふさわしい表現手段に出会っていないだけなのだと思います。そう理解して、自分なりの表現手段を「探索」すべく、色々試した方が生産的でしょう。「探索」とは答えを見つけるものではなく、手がかりを探すものですから。

15 整列

美しく把握する、美しく知る。

地図を手にとって街を歩く、という機会は、ケータイやネットが発達したいま、昔より格段に減っているでしょう。メモになぐり書きした手書きの地図を手に歩くことは、まだあるかもしれませんが、「ちゃんとした」地図を街中で手にする人をあまり見かけません。そこで、「ちゃんとした」地図を手にとって街に出るとどうなるか。僕は、小学生のように、地図を片手に街へ飛び出してみることにしました。

15.1 「目印」を並べると

　地図と実際の街の風景を照らし合わせると、とてもワクワクします。手にしている図と目に飛び込んでくる実際の景色のギャップ、また整合性を確認する行為が、普段ではなかなか味わえないからかもしれません。ケータイとなると「確認」が中心で、照合や比較や補正がいらなくなる。

　地図を街中で使う場合、地図をくるくる回してはいけないのだよ、と教わったことがあります。東西南北を固定したまま地図を見るのがよいとの趣旨でした。でも、地図をくるくる回してもいいじゃありませんか。例えば「目印」を整列させてみる場合、つまり、街中で道しるべになるものを自分の頭の中で整理する場合なら、構わないのではないか。

　図Aの風景が目の前に広がる場合、「目印」になりそうなものがいくつかあります。これに沿うように地図を回転させ、地図上の「目印」を風景と整列させると、地図と実際の風景がつながって、視界も空間も把握しやすくなります。

　僕は風景と地図を照らし合わせるうちに、今まで無意識だった自分の思考の癖に気づきました。地図から地形や「目印」をまず拾い出し、思い描き、それと現実の地形や建物を照合していました。けれど、まず地図を見る前に、目の前の風景や街並みから地図を即席

図A：東京都港区の街並み

で思い描き、その上で、地図から現在地を探し、地形や「目印」を「整列」させるように手許の地図をくるくる回す。その方がスムーズなのです。地図はあくまで補助、現実から地図を抽出し、その後に地図に戻る方が地図の御利益に与れると思うのです。

15.1.1 山立てというワザ

この手法に近いものが、地図の資料の中に見つかりました。古来から漁師などが使っている「山立て」という手法がそれです。

海上で「目印」を並べ、現在地を把握したり、「経路」を維持するのに使います。図Bをもとにご説明しましょう。

「山立て」とは、陸上に4つ以上の「目印」を置き、海上の自分

の位置を把握する方法です。現代では堤防や建造物を「目印」にすることが多いのですが、古くは山と山の並び具合を目安にしていました。海から見える陸上のものを、手前のものと遠くのもの、その2つが重なるように並べます。現在地から「目印」が並んでい

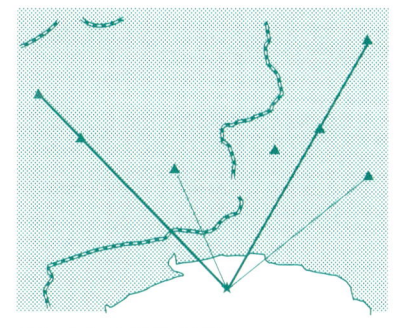

図B：山立てと呼ばれる手法

ない場合は、並ぶように自分が移動するのです。「目印」が並んだポイント（場所）から再び陸上を見て、並んでいる新たな（別の）「目印」を（遠近それぞれ）2つ覚えます。このときに出来上がる、2つの直線が交わっているポイントが自分の現在位置なのです。合計4つの「目印」を覚えておく。そうすれば、同じポイントを再訪するには、4つの「目印」が並んでいるポイントへ移動すればいい訳です。この「山立て」は海上に限らず、陸上でももちろん使えます。GPSに頼らず位置が把握できるすぐれた方法ですね。

　試しに、今、皆さんがいらっしゃる地点から周囲を見回し、遠近で重なっている「目印」2つの組み合わせを2つ、合計4つの「目印」を確認してみてください。それを頭に入れてください。そして現在地から少し離れてみて下さい。先程の4つの「目印」がバラバラになります。次に4つの「目印」が再び2つずつ重なって見える場所を探して下さい。元の自分の位置に戻れるはずです。

　目的地の近くまで来ているのに、辿り着けない、という場合、電話で教えてもらうことがあります。そんなときは、電話の相手が目的地にいれば、その目的地から重なって見える2つの「目印」×2組を尋ね、それと現在地を比較すればいいのです。「山立て」「漁師」と聞くと、都会では使えないと思われるかもしれませんが、そんなことはない、都会でも応用可能です。

15.1.1

15.2 「整列」は思考法の1つ

ただ並べる、整列させるだけで情報が整理されたり、情報を俯瞰しやすくなる。これは他に応用ができそうですし、僕にはとんでもなく楽しげに思えます。昔から、モノでも名前でも、ただずらずらと羅列したり、箇条書きにするのが好きだったのです。

15.2.1 記憶術としての「整列」

一定の規則に従って（なにごとかを）「整列」させて書き出すこと。そう言えば、僕は試験勉強をしながら、覚えたいことを「整列」させ、繰り返し書いていました。記憶しやすい、と感じていたのでしょう。特に、行間を十分にとって「整列」させると覚えやすい。試験の段になって、自宅で整列させた項目を脳内に板書するときも、大きく、ゆったり、互いの間隔を十分とって思い出すと、鮮明な像が浮かんできたものです。逆に、行間をあまりとらず、びっちり「整列」して書いたものは、後でうまく思い出せない。隙間なく書かれたものは、記載されたもの自体がごちゃまぜになり、汚いノートのようになってしまう。個別の事項よりも、全体のイメージがまさってしまうのです。

「山立て」は、そもそも定点観測であり航海術であり測量方法なのですが、記憶術の1つとして捉えることもできます。「整列」がなければ、「山立て」も不可能、「整列」という思考法は、すでに遠い昔から実地に応用されてきたのです。

15.2.2 「整列」は後で効いてくる

身の回りを見回すと、すでに「整列」が完了しているものが多く見つかります。ウェブ上の掲示板やブログでは、時系列で各人の発

言が「整列」されていたり、会社の書庫では、プロジェクトなどの議事・発案がジャンルごとに「整列」されています。僕はツイッターもブログもフェイスブックもやりませんが、たまに眺めると、人の考えや気分が「整列」後の状態で目に入ってきます。やっている当人にそんなつもりはないでしょう。単にシステム上、「整列」されているだけ。

　特にツイッターは文字数が限定されているから顕著です。これらSNSやブログの「整列」機能は役に立つかもしれません。生にえの着想や発想、発見の「とっかかり」を日々、つぶいやいていけば、知らぬまに断片的な発想メモが集積されていきます。しばらくして見直せば、着想や発想、発見を深めていけそうだな、と感じます。一瞬、脳裏をかすめた考えや発見を、ツイッターという他人に公開しているメディア上に放り込んでおくのです。メモをとるよりもずっと楽でしょう。他人の目にふれるから、一度、形式化を経なければならない。だからこそ、後々、役に立つのです。ただし、気分の「整列」は意味がないでしょう。「ああ、あのときはうれしかったな」「このときは確かにイライラしていた」と振り返っても、（懐古趣味を別にすれば）生産的でない。また、知っていることを「整列」させるのも、やや無思慮な振る舞いに見えます。他人の目があるから、スタンドプレーにも陥る。誰かと話したり、仕事をしている中で感じるのは、自分が何を知らないか、それを自分で知っておくことが大切だ、ということです。つまり、知らないことを「整列」させた方が有益なのです。「ああ、自分はこのことを知らない。けれど、このことをもっと調べたり、深く考えれば何か発見がありそうだ」と感じたものを「整列」させておけば、「つぶやき」が「ぼやき」や「自己愛」に転落するのを防いでくれる。

15.2.2

15.2.3 ありったけ「整列」させる

　僕は「整列」させるのが好きだし、すでに「整列」されたものを見るのが好きだということです。書店で背表紙を見るのも大好きです。何の脈絡もないタイトルが、一見整然と並んでいます。時間をかけて、ただひたすら見ていくと、頭の中が気持ちよくシャッフルされます。ツイッターやフェイスブックなどで、他人が書いたつぶやきや短文を眺めたり、（仮に自分がやっているとして）自分が書いたものを後で順番に見ていくときに、考えの「とっかかり」「とば口」に立つ感覚と、おそらく近いものでしょう。書名には内容を一行に圧縮する願いが込められています。だから、喚起する力が大きい。中身は読んでいないのに、「こういう内容の本だろうか」と想像してしまうのです。

　とにかくありったけ「整列」させる、ありったけ「整列」されたものを眺めれば、頭の中を掃除することになり、掃除を終えれば、それまでと違ったものの見方ができるようになるのです。

　とにかく「将来実現したらいいな」と思うことを、ありったけ、頭の中に「整列」させると、本当に気持ちよくなります。

　僕たちは、ある願いや希望が実現して初めて、「自分はこのことを本当に望んでいたのだ」と実感します。実現してみなければ、どれほど強くその実現を願っていたか、自分でもわからないほどなのです。ということは、抱いている願いや希望が強いほど、実現したときに「うれしい」と思う。僕たちは、予期と結果に関して、そんな構造を生きているようなのです。

15.2.4 目的もなく「整列」させる

「整列」という言葉や、並べるという作業には、どこか数学チックでデジタルな印象がありました。しかし、地図上で「目印」を「整列」させることも、「山立て」も、ツイッターなども、本の背表紙でも、僕たちの頭を見事にクリーンナップし、開放感をもたらしてくれます。仕事のストレスの多くは、自分や他人が課してくる「やるべきこと」がうまく片付いていないから生じる。だから、やるべきことを頭の中だろうがノートだろうが、ともかく「整列」すると、ストレスは軽減されます。

僕はカバンの中にモノをたくさん放り込んでしまうクセがあるので、とりあえず全部外へ出して「整列」させる。そうしなければなるまい、などと考えていると、たまたま興味深いデータに出会いました。ご紹介しましょう。

博報堂生活総合研究所の調査で、人が外出時に携帯しているモノのランキングがわかるのです。

(http://seikatsusoken.jp/1982-2005/LAB/monom/contents1/best10/index.html)

(http://seikatsusoken.jp/1982-2005/LAB/monom/contents1/ranking/index.html)

年代ごとにランキングに変遷があって、たいへん興味深い。僕がカバンから出して「整列」させたモノたちと比較しても、とても面白い。皆さんも、同年代の人たち、また、同じ性別だけど違う年代の人たちが携帯しているモノと比べてみてください。50~73歳の女性が携帯しているもの1位はティッシュ。19~29歳、30~49歳の男女の1位がすべて財布であることと比べると、とても興味深い。他にも、50~73歳の男性が携帯しているものに、唯一、携帯ストラップがランクインしていることもスマートフォンの普及率と比べたくなるユニークな事実です。

一定のルールに従って「整列」する、これを地図上で行ってみたいと思います。各国の人口と面積が対象です。この2つ、比例し

図C：各国の人口順と国土面積順を同じにした世界地図

ていません。大きな領土を誇る国も、それ相応の人口を抱えている
わけではないのです。もし仮に面積と人口が完全にリンクしたら、
世界地図はどう変容するでしょうか。人口の順番と国土面積の順番

――― オランダ

インド

アメリカ合衆国

エチオピア

フランス

ブラジル

ナイジェリア

に各国を「整列」させてから、それらを世界地図に反映させると、図Cのような、ユニークな世界地図が出来上がります。この日本国は、さて、どこに配置されているでしょうか？

15.2.4

16 類似

浮き彫りにする。

世界地図を見ていると、なんだか混乱してしまうことがあります。それは「似たもの」。何だか聞いたことはあるけど、あれだっけ？それだっけ？とこんがらがったり、ちょっと調べると、覚えにくいし、もう勉強するのも面倒だ…と思ってしまうものの存在です。

　けれど、一見似ているものを効率的に覚えることはできないか。また、興味を増すための便利な方法はないものか。

16.1 「似たもの」同士たち

　僕がいつも混乱するのは、カザフスタンとウズベキスタンです（図A）。見たことも聞いたこともありましたが、世界地図を開くと、否応無しに飛び込んできて、悩ましく思うのです。それぞれの国の方には申し訳ないことながら、名前がとにかく紛らわしい。場所も紛らわしい。この2つの国を調べてみました。

　まず国名。語尾の「スタン」が共通している。この言葉はペルシア語で、「…の場所、土地」という意味だそうです。カザフスタンはカザフ人の場所、ウズベキスタンはウズベク人の場所、という意味なのです。

図A：「…スタン」は場所・土地を示す。

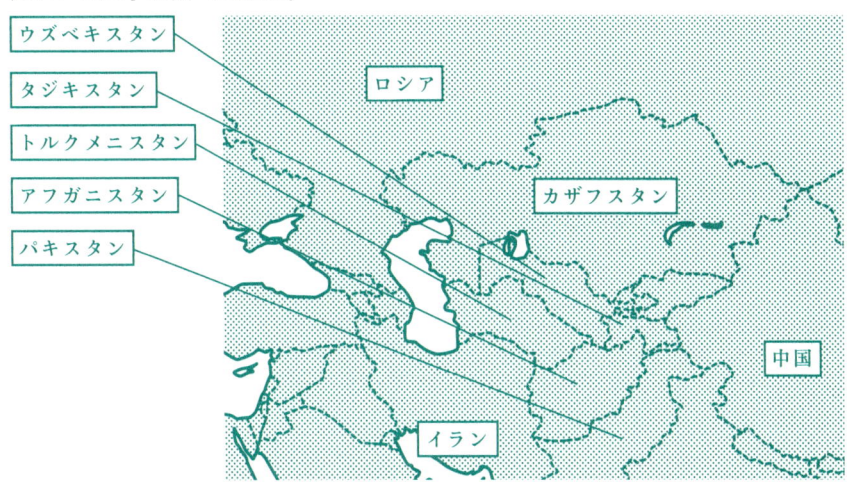

これはおもしろい。興味が湧いてきます。こっちにもあっちにも、××スタンという国がある、と考えればよいのです。「…スタン」がつく国は思ったよりも多く、アフガニスタン、カザフスタン、パキスタン、タジキスタン、トルクメニスタン、ウズベキスタン。住む人々の名前の後ろに「スタン」をつけて国名（地域名）にしている。でも、パキスタンだけ妙に引っかかります。案の定、パキスタンはパキス人の国ではなく、「清浄な国」を意味するのでした（地方名の組み合わせからつくられたという説もあります）。ちなみに、パンジャブ人が半分強で、後はパシュトゥン人やシンド人と呼ばれる人々で構成されています。

　毛嫌いせず、積極的に「似たもの」に目を向けると何がわかるでしょう。

　世界地図帖の巻末には、大抵、国旗一覧が掲出されています。これがもう、「似たもの」だらけ。有名なところでは日本とバングラデシュの国旗。それ以外にもまだまだあります。僕が興味を持ったのはパラオです。日の丸に酷似しています。何故、これほど似ているのだろう。何か公式のステイトメントはないものだろうか…。残念ながら調べがつきません。

　わかったこともあります。パラオ国旗の真ん中の黄色は日の丸と違って、太陽ではなく月であること。水色の部分は太平洋を示していること。諸説あり、パラオが親日的である（日本の委託統治領でした）という説や、月は（日の丸の）太陽と対をなして日本への友好を示すサインであり、月が中心より左へ少し偏っているのは、日本に対する敬意の表れであるという説もあります。本当でしょうか。ぜひ真相と経緯を知りたいものです。

　日の丸とは関係なしに、興味が湧いた「似たもの」国旗を列挙してみましょう。

---

①イギリス　オーストラリア　ニュージーランド　ツバル　フィジー
②デンマーク　ノルウェー　スウェーデン　フィンランド　アイスランド

③フランス　ロシア　オランダ　ルクセンブルク
④アメリカ合衆国　マレーシア　リベリア
⑤マレーシア　モーリタニア　トルコ　アルジェリア　パキスタン　チュニジア　モルディブ　トルクメニスタン

図B：各国国旗一覧

皆さんも図Bでこれらの国旗を確認してみてください。
　①の国旗が互いに似ている理由は、すぐお分かりでしょう。イギリスの「ユニオンジャック」です。元々（歴史的にある時期）、イギリスの植民地だったからです。それに加え、何と、現在も「イギリス連邦」というゆるやかな国家共同体を築いているからです。僕は（恥ずかしいことに）全く知りませんでした。イギリス連邦とは、イギリスの植民地だった54の国々が加盟しているのです。世界総人口の3人に1人がイギリス連邦加盟国の国民だというのですから驚きです。しかし、イギリス連邦に加盟していても、ユニオンジャックを国旗に使ってない国も多数あり、有名なところではインド、カナダ、シンガポール、ケニア、ガーナなど。構成国を結びつける条約や中枢機関も存在しないため、国際法上の連邦制国家ではありません。多くの地域で英語が使用されているほか、行政、法律のシステムにも共通点がある、と教わったのです。無知とは恐ろしいものです。
　②の国旗が似ているのは①とほぼ同じ。これら北欧各国は位置的にも近いほか、文化や言語も似ています。同君連合と呼ばれる、君主が同一の国家共同体を築いていた時期があったことによるようです。また、アイスランドはデンマークから独立した国家ですし、フィンランドはかつてスウェーデンの一部でした。
　③に関して。ルクセンブルクとオランダの国旗は実によく似ています。ほとんど同じ、と言っていいくらい。わずかに青地の部分が異なります。オランダが濃い青を使うのに対し、ルクセンブルクは明るい水色です。
　③の青白赤の組合せ、これを見て真っ先に思い出すのは、やはりフランス国旗でしょう。よく知られているように、フランスの青白赤はそれぞれ、「自由」「平等」「友愛」を示します。1789年のフランス革命の象徴として使われた「ルーツ」がありますね。革命は「輸出」されましたから、この国旗デザインが他の国旗に与えた影響は大きく、ルーマニア、チャド、イタリア、メキシコの国旗はフ

ランス国旗を参考につくられました。ロシア国旗も同じかと思ったら、全く違いました（紛らわしいです）。この場合、青が「名誉と純潔性の小ロシア人」を、白が「高貴と率直の白ロシア人」を、赤が「愛と勇気の大ロシア人」を表わすというのです。3色の組合せはスラブ民族の色として、スラブ系諸国に多用されています。フランス国旗「系」の青白赤と、ロシア国旗「系」の青白赤は、「ルーツ」を全く異にしながらも、出力・結果が「たまたま」似ているだけだったのです。

　④にはとても興味深い事情がありました。まず、アメリカ合衆国とリベリア。地理上も遠く離れて、何の関係もなさそうに思えるのですが、それは浅はかな思いこみでした。リベリアの「ルーツ」に関わります。リベリアはアフリカの国ですが、アメリカ合衆国で解放された黒人奴隷によって建国された国なのです。そのことからアメリカ国旗を手本にした、というのです。もう思い出したくもない、とか、忘れてはならない、とか、そんな背景はなかったのでしょうか。

　マレーシアとアメリカの国旗が似ているのは、デザインに対する考え方に由来します。赤と白はマレーシアの13州と首都のクアラルンプールを合わせた数。これは、アメリカ国旗が自国内の州の数をデザインに反映していることと同じなのです。ブラジルも同様です。ブラジルも、星の数で州を表しています。アメリカ合衆国と同じく、州が増えるごとに星が増える。国旗が領土や行政区と連動するなんて、僕たちにはまことに意外です。

　⑤の共通点は、「宗教」に関係があります。マレーシア、モーリタニア、アルジェリア、チュニジア、パキスタン、ブルネイは、イスラム教を国教としています。トルコ、ブルネイ、トルクメニスタンもイスラム教が支配的な宗教。では、なぜ三日月なのか。イスラム教で三日月は「発展」のシンボル。発展への思いが国旗デザインに込められているのです。

　三日月以外に、イスラム諸国家は、赤、緑、白、黒が多用されて

16.1

います。もちろん理由があって、緑はマホメットのターバンに「ルーツ」が、赤白黒はマホメット以降4代のカリフのシンボルカラーに「ルーツ」がありました。由緒あるカラーリングという訳です。

16.2 「似たもの」同士にも種類がある

「似たもの」同士を見つけて、その由来を調べるのはおもしろい。「似たもの」を毛嫌いするのは勿体ない、と思うようになりました。では、日本国内に目を向けることにします。

東京の地図を見ると、「似たもの」同士、特に駅の「似たもの」が目に付きます。と、ここで僕は、「似たもの」は2種類に大別されることに気づきました。

1つは、駅の位置が「似たもの」同士。もう1つは駅の名前が「似たもの」同士。なるほど、今まで乗り換えの際や、行ったことがない駅へ向かう際に僕が混乱したのは、この2種類の「似たもの」が未整理だったからなのです。

例えば、東京メトロの後楽園と都営地下鉄の春日は同じ駅です。この類の「似たもの」同士はあらかじめ注意しておけばいい。他方、駅の名前が似たもの、というより同じなのに、位置が違うと混乱します。例えば、都営大江戸線の蔵前駅と都営浅草線の蔵前駅は乗り換えに10分以上かかる。そればかりか、一度地上に出ないと乗り換えることができません。東京メトロの成増と東武東上線の成増も商店街を通らないといけないほど離れています。困ります。

この際、洗い出しておきましょうか。

駅の位置が「似たもの」同士

小川町（都営地下鉄）／淡路町（東京メトロ）／新御茶ノ水（東京メトロ）
一見、バラバラのように見えますが、地下でつながっています。

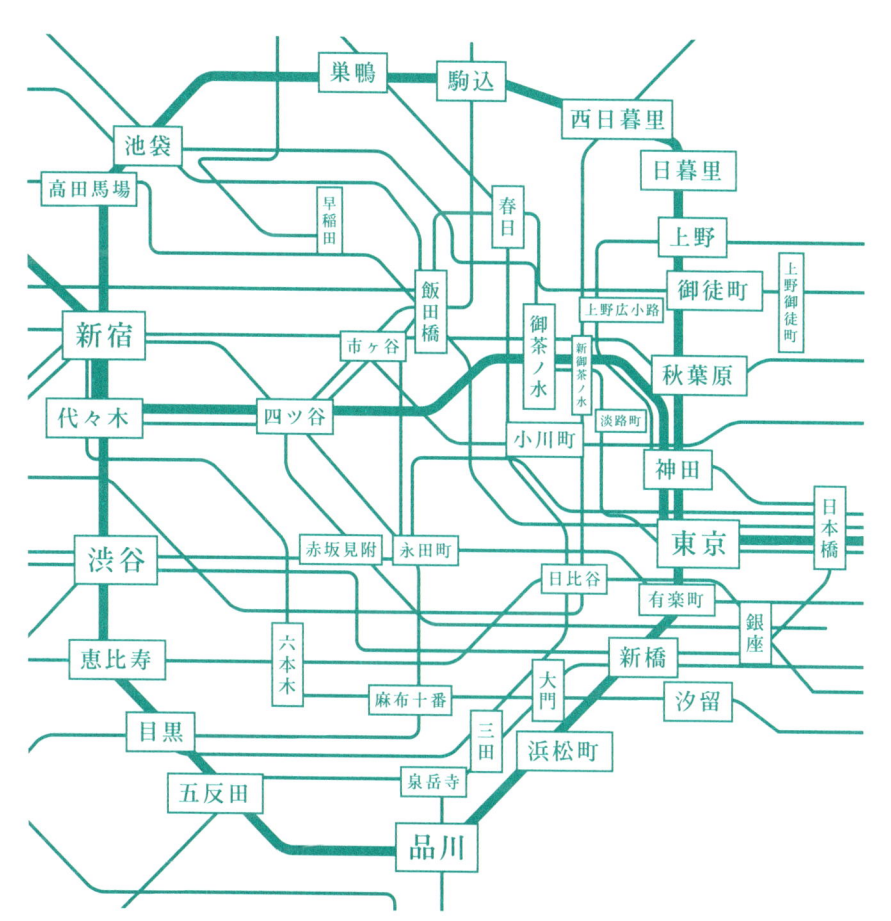

図C：東京都内の「似たもの」同士な駅

浜松町（JR・モノレール）／大門（都営地下鉄）
羽田空港へモノレールが出ているのが浜松町なので、覚えておくと非常に便利。

有楽町（JR）／日比谷（東京メトロ・都営地下鉄）
名前の響きから、全く違う駅であるかのように感じてしまいますが、非常に近い。

永田町（東京メトロ）／赤坂見附（東京メトロ）
名前だけ見ると、全く別ものに思いますが、つながっています。

16.2

上野広小路（東京メトロ）／上野御徒町（都営地下鉄）　御徒町（JR）
名前が「類似」している上に、長ったらしくて少々混乱します。しかし、「距離」は非常に近い。上野駅（JR・東京メトロ）と「御徒町」もほとんど同じとみなしてよい。

以上は都内に限って整理したもので、網羅的でもありません。他県にも同じような例は数多くあるでしょう。

駅の名前が同じなのに、位置が離れている

東京
天下の東京駅ですが、京葉線の東京駅は要注意。ホームが地下深くにあるため、乗りかえに非常に手間取ります。京葉線の東京駅は、むしろ、JR有楽町の方が近い。

国会議事堂前
東京メトロ千代田線の国会議事堂前から東京メトロ丸ノ内線の国会議事堂前に乗り換えるには10分以上かかります。

難波（大阪市）
南海の難波は阪急の梅田に匹敵する巨大な駅。南海の難波から近鉄の難波までは、非常に距離がある。乗り換える際に出口を誤ると泣きを見ます。別の駅で乗り換えるのをおすすめしたいくらいです。JRの難波は、もう難波と呼べないくらい遠い。

伊丹（兵庫県）
伊丹空港と関係があるので挙げました。JR伊丹と阪急伊丹は名前を変えた方がよいのでは？というくらい離れています。なんと780m。伊丹空港へ向かうなら、阪急伊丹。

16.3　そびえたつ思考法「類似」

　まどろっこしい、ややこしいものは避けて通りたくなります。でも、少し調べると、意外に発見があって、調べただけの甲斐はあります。もう忘れることもないでしょう。こうやってモノを覚えるならラクなものです。

「似たもの」同士のどこが似ているのか、また、その由来を調べること。そして、一見しただけだと分からない「似たもの」同士を探し出すこと。さらに、「似たもの」同士にも大きな違いがあること。これらを思考法「類似」と名づけましょうか。

この思考法に、僕はものすごく大きな可能性を感じます。「似たもの」を見つけること、「似たもの」の中身を探ること、そこから派生して「似たもの」に潜む大きな違いや細かな差異を見つけること。それだけでも、かなり長時間、頭の中を歩き回ることができそうです。

そこで、「似たもの」に潜む様々な差異について考える思考法を「差異」として切り離し（次章でゆっくり扱います）、「類似」を活用してみます。「似たもの」の発見とその中身を探ることにまず、注力します。

16.3.1 「類似」を地図・地理以外の分野へ

まず、「類似」の応用です。

「似たもの」同士は世に多数存在しています。僕が真っ先に思い出すのは、英単語の「似たもの」同士。

例えば、party と apartment。「part」という部分が共通しています。「part」とは、「部分が動く」「部分が共に何かを起こす」という意味を持っています。department も participate（参加する）も partake（食事などの相伴をする）も同根ということです。こうすれば個別に覚えるより効率的。学校で、英単語を覚えるコツは接頭辞、接尾辞だ、と教わりますね。例は数多くあります。manner（マナー）、manual（マニュアル）、manager（マネージャー）などは一瞥しただけで「似たもの」同士。紛らわしいと思わずに、似ている細部に目を向けるのが「類似」という思考法。「man」の語根であるラテン語「manus」には「手」という意味があります。なるほど、では manifest はどうか。語源に遡れば、manifest は「現場を押さえ

られた、明白な」です。これを意図的に曲解すれば、本当は手で書くべきではないか。手で書く行為には、実は誠意、約束という概念まで含まれているかもしれない、などと自分の頭で色々考えが広がるわけです。こういう連想は、それだけで気分をよくしませんか。

16.3.2 歴史上の「類似」

英単語の語頭・語尾のように見つけやすいものばかりではありません。次に僕が目を向けたのは歴史です。キッカケは偶然。テレビでだれかが「歴史は繰り返す」と言うのが聞こえてきたので、「そうだ、歴史上では似たようなことが繰り返し起きる、つまり歴史の中にも似たもの同士があるに違いない」と思ったのです。

僕が個人的に特に興味があるのは、日本の近代と現代。明治維新から現代まで、この範囲が何故か昔から好きだったのです。この時代を西暦や元号に頼らずに、大きな事件で区切ってみると、

明治維新—日露戦争
日露戦争—終戦（1945 年）
戦後復興—プラザ合意のあたり
バブル崩壊—現在

この 4 つに区切れるでしょう。日露戦争まではまさに「坂の上」を目指して国全体がアゲになっている時期。1945 年の終戦までは坂から下っていくサゲの時代。そして戦後復興からは再び、新しい坂の上を目指すアゲの時代。バブル崩壊以降、現在まではどちらかと言えばサゲの時代。上昇と下降の繰り返しです。パターンが同型。確かに、歴史は「類似」をはらむ、歴史は繰り返すと思えてきます。この 4 つの時期を西暦で見るとどうなるか。

1868—1904、1905—1945、1946—1985、1986—現在、となる。ここで奇妙な偶然に気づかれたでしょうか。いずれも（ほ

ぼ)「40年」周期。日本の国運は40年ごとに浮沈を繰り返すのではないか、などと大げさな感想がわいてくる。

　歴史上の「類似」、他にもありそうです。日本の近代に改めて注目します。日本のナショナリズムです。国が傾きかかるとナショナリズムは盛んになるのではないか…。熱しやすく冷めやすい国民性と言われます。ナショナリズムの代表的なものを見ていくと、明治維新のキッカケとなった尊皇攘夷や、日露戦争後のポーツマス条約を不満とする日比谷焼き討ち事件、そして陸軍皇道派青年将校による2・26事件、戦後で言えば、1960年の日米安保条約改定反対運動など。

　と、ここで僕はやっと「類似」を発見することができました。日本のナショナリズム発揚の場は、「アメリカがらみ」で誘発されるということ。ペリー提督率いる黒船はアメリカのものでしたし、太平洋戦争へところがり落ちていく昭和初期の時代閉塞は、アメリカを仮想敵に据えていましたし、日米安全保障条約はそのままアメリカとの関係の反映です。「攘夷」という言葉は本来の意味では、異民族を排除することですが、日本近代においては、おしなべてアメリカに対するナショナリズムの発揚ではないかと思うのです。

16.3.3 「類似」から新しく生み出す

　似たもの同士を見つけようとするには、鳥の眼のような広い視点に立たないといけない。少々大風呂敷くらいで丁度よいのです。一見関係のないものが、「似たもの同士」である、と視界を刷新する経験は、脳を活性化させるものです。単純に興奮するのです。頭が活性化されれば新しい着想が得られやすい。僕が思い浮かべたのは、ジョージ・ルーカスです。ルーカスは、世界各国に散らばる神話には重要な「類似」があることを知り、そこから「スター・ウォーズ」を創りました。

　神話や伝説には「類似」がある、これはルーカスのオリジナルで

はなく、多くの神話学、民族学による知見の蓄積があったに違いありません。直接的には、ジョゼフ・キャンベルというアメリカの神話学者が書いた『千の顔を持つ英雄』がきっかけらしい。この本によると、世界の神話はいずれも、①旅立ち、②通過儀礼、③帰還という要素が「類似」、共通しているのです。

　神話・伝説の主人公（英雄）は、まず別世界へ危険を冒してでも旅立ち、その先でパワーを蓄え、勝利を収め、冒険から帰還するのです。よく考えれば、日本のイザナギが亡き妻に会いにいくため、黄泉（よみ）の世界に旅立つ話もこのパターンが当てはまりますし、桃太郎でさえ同型なのです。鬼が島へ旅立ち、三匹の動物の助けを借り、鬼を倒した後、財宝を携えて帰還する。孫悟空もそうでした。神話・伝承・民話ばかりではありません。『スターウォーズ』はSFですが、先ほどの構造①②③を母胎にして、ストーリーがくみたてられている、あからさまにすぎるほどに。

　似たもの同士の発見から、新しい別のものを生み出す作業は、僕の普段の仕事にも応用が可能です。剽窃や盗作とは厳密に区別されると思います。日本の和歌の伝統で言う「本歌取り」さえ思いおこされます。AとBは似ている。AとBの「類似」している要素だけを抽出し、抽出した要素をまた他のジャンルなどに放り込んでCという新しいものを生み出す、こういう一連の作業は、じつはどんな仕事にも有効かつクリエイティブではないでしょうか。

　似たもの同士と言っても、できるだけ意外なもの同士がよい。その方がユニークな着想につながります。では、意外な組み合わせはどのように発見すればよいのでしょうか。僕が以前からやっていた簡単な「頭の体操」があるので、ご紹介しましょう。

　題して「××のような訓練」。ネーミングはもう一つ、少々分かりにくい。でも、やり方は至って簡単。歩いているときや、電車に乗っているときなどに眼に入ったもの、耳にしたものを、「××のような」という表現で言い換えるだけです。ただし、ことわざや慣用句には頼りません。ありふれた形容詞を使うのもなるべく避けます。意外性の

ある、「××のような」を発見して言葉にしてみる訓練です。例えば、夏場の暑さを「ギラギラした地獄のような暑さ」「お湯が沸騰するかのような暑さ」と譬えるのはありきたりですね。しかし、「アスファルトが静まりかえっているかのような暑さ」「人々の黒い影が微動だにしないかのような暑さ」と表現するのはそうそう見かけない。ちょっと変わっているし、直観的に理解されると思うのです。

　この訓練を続けると、ありきたりの「類似」ではない「類似」を発見することができます。任意のAから意外なBを生み出す訳です。

　当初抱いていた、「似たもの同士に対する苦手意識」が、いつのまにか薄れてきました。カザフスタンとウズベキスタンに戸惑っていたころが懐かしい。

16.3.4 「類似」から「ストーリー」を補強する

　7章（ストーリー）でエルサレムの「ストーリー」を学び、道案内に「ストーリー」を織り込む手法を考察したことを思い出してもらえるでしょうか。頭の中をずいぶん遠くまで歩いてきたように感じます。7章を再読している時に気づいた、「類似」と「ストーリー」に関する発見をご紹介しておきましょう。

　「類似」という思考法は、「Aに似ているBを発見するもの」ですが、誰かに何かを話す・語るとき、似たもの同士を見つけると話がしやすいことに気づいたのです。簡単に言ってしまえば、「譬え」を使う。ちょっと難しい話でも、「譬え」を交えた説明を受けると、とても理解しやすい。「類似」している他のものを見つけ出し、添えて説明する、それが「譬え」を交えて説明することなのです。

　「この話、面白いな」「この人の話の進め方、頭いいな」と思うと

きは、「譬え」がアッと驚かされるほど突拍子もないのに、最後は腑に落ちる、そんなケースがほとんどなのです。大切なのは、意外なる「類似」を見つけてくることです。もちろん、意外なだけでは十分と言えない。共感の得られない、ひとりよがりの「類似」だと、「譬え」は納得してもらえない。抽象的に話しているだけだと分かりにくいかもしれませんので、意外なる「類似」を前提にした、「ストーリー」展開のすばらしい実例をご紹介したいと思います。

　小田嶋隆さんというコラムニストが、ウェブ上でコラムを連載されています（日経BPオンライン）。その中で、ツイッターについて書いておられました。要約すると、ツイッターの現状を、有名人のツイッター、無名の一般人によるツイッターに分類した上で、前者を「裸の王様」である、と指摘するのです。ツイッターの特性上、有名人のツイート（つぶやき）への反応は、賞賛・同意が大多数で、批判や拒絶は少ない。だから、本人もついいい気分になり、有名人という特権も相まって王様のように振舞う場が与えられる。自分をあまり省みることもなく、ただただ、自分の言いたいことを得々と投稿し、次々につぶやく。するとそれがまた賞賛・同意され、またさらに…というループを延々と繰り返す。「王様は裸だ！」という声は出てこない。耳に届かなくなる。

　このような「ストーリー」展開のコラムです。

　SNSの1サービスを舞台にしたある生態が、「裸の王様」という童話の構造に「類似」していることを発見したからこそ生まれた「ストーリー」ですが、ツイッターの陥穽の一側面を見事に表現している、と僕には感じました

　まさに意外なる「類似」を発見できたからこその「ストーリー」提示ではないでしょうか。

　他人が話した・語ったことや書いたもので、「あ、なるほどな」や「わが意を得たり」と思ったら、その「ストーリー」にどんな「譬え」があったか、どんな「類似」の発見があったか、を探ってみると、自分が「ストーリー」を語る際に役立つ発見があるかもし

れません。1週間や1ヵ月ですぐにできるものではありませんが、日頃から気を配っていれば、僕たちの頭の中に無数の「類似」発見のストック、「譬え」ストックが出来上がっていくはずです。そして、気づいたときには、自分にも他人にも有意義な「ストーリー」を伝えられる話術の巧者になっていると思います。

17 差異

似たものだけれど、
似てないものから学ぶ。

前章の「類似」では、似たもの同士を見つけ、どこが似ているのか探ったり、一見しただけでは分からない似たもの同士を（媒介を挟むことで）発見する脳内作業を試してみました。似たもの同士に潜む大小の違いについては、いったん捨象してきたので、ここで、徹底的に似たもの同士の「差異」を考えたいのです。

17.1 似たもの同士の「どこがどう違う？」

　駅の名前は似ているのに（同じなのに）離れている、という例は見ました。おさらいとして、新たな「類似」を見ていきましょうか。図Aをご覧ください。

　アイルランドとアイスランド、パラグアイとウルグアイ、アルジェリアとナイジェリア、ウガンダとルワンダ…いずれも国名が「類似」している（と僕には思われる）。では、どこがどう違うのでしょうか。位置の違い以外に、どんな「差異」があるのでしょう。

アイルランド／アイスランド
　この2国は、ともに島国であり、国土の広さもさほど違いません。日本語の語感も「類似」しています。しかし、混同するわけにはいきません。アイスランドはEUに加盟していません。アイルランドの通貨はユーロ、アイスランドはアイスランド・クローナ。このクローナ、2008年秋のサブプライムローン問題から派生した金融危機によって価値が急落したので、ご記憶の向きもあるかもしれません。EUへの帰属が「微差」のように見えて、その実、大きな「差異」があるのです。（アイスランドは2012年現在、EUへの加盟を試みています。）
　余談ながら、アイスランドはビョークの出身地、アイルランドはU2の出身地ですね。これだけでも、混同厳禁と感じられます。

パラグアイ／ウルグアイ
　地理上の位置が隣接（類似）していますし、名前も僕たちには似て感じられますから、混同しがちです。
　生活水準に着目すると、「差異」が浮上してきます。ウルグアイは、ラテンアメリカの中でも極めて生活水準が安定している国の1つ。政治体制も労働環境も自由。民主

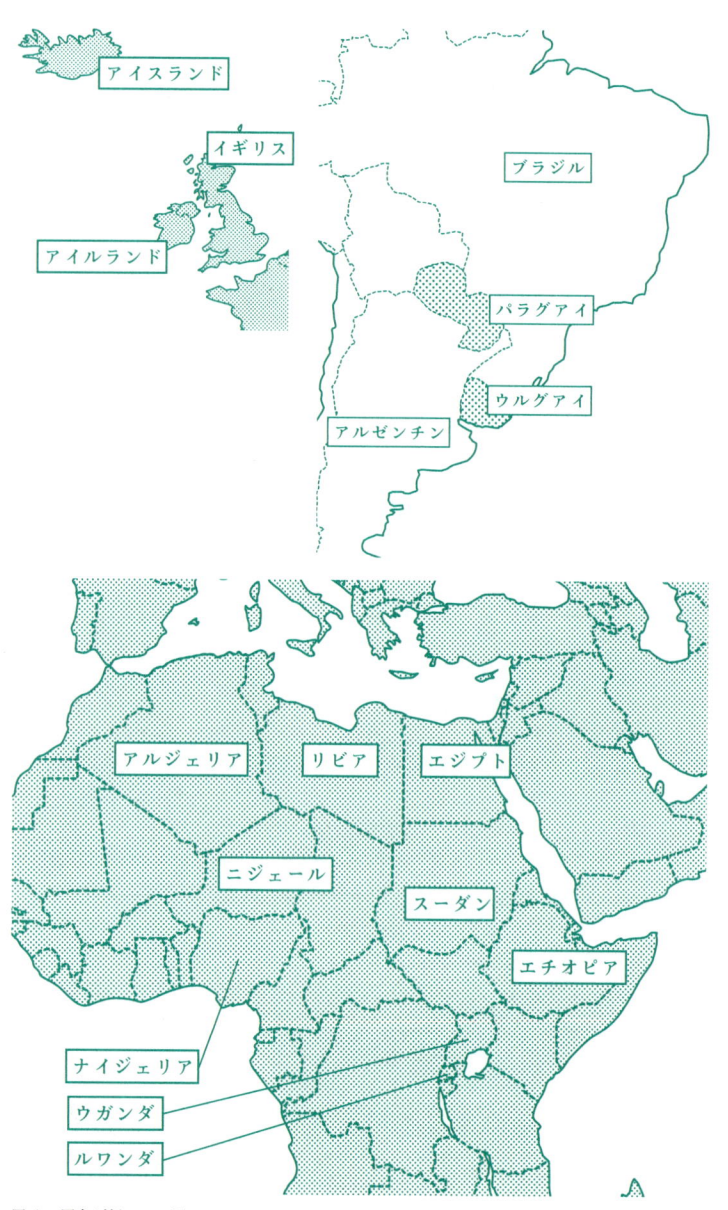

図A：国名が似ている国々

236　　　　　　　　　　　　　　**17** 差異

主義国家としての伝統もある。他方、パラグアイは国政史上、独裁か無政府状態という極端に振れ幅の大きい政治体制が続いてきました。

名前の「類似」は、語源に由来します。「グアイ」は、先住民族のグアラニー族の言葉で、「川のある場所」を意味します。ウルグアイは「ウルという鳥の飛来する川がある場所」、パラグアイは「大きな川のある場所」という意味です。

アルジェリア／ナイジェリア

語尾が「類似」していますが、位置は全く違います。ともにアフリカ大陸の国家ですが、アルジェリアは地中海に面した北アフリカ、ナイジェリアは大西洋に面した西アフリカにあります。アルジェリアはアフリカで1番面積が大きい国で、ナイジェリアはアフリカ最大の人口を誇ります。

アフリカの「宗教」というと、土着の信仰もしくはイスラム教というのが一般的ですが、ナイジェリアはイスラム教が半分、キリスト教が4割、残り1割が土地固有の伝統信仰が占めています。他方、アルジェリアは99％がイスラム教を信仰しています。大きな「差異」です。

また、名前の「類似」は僕たちの臆断です。ナイジェリアは、ラテン語で黒を意味する「Niger」に「ルーツ」があり、隣国ニジェールと本来同じ地域を指す名称でした。独立する際宗主国が違うため（ナイジェリアはイギリスから、ニジェールはフランスから独立）、語尾を変えて、それぞれの国名がつきました。ナイジェリアにもニジェールにも、ニジェール川が流れています。他方、アルジェリアの国名は、アラビア語で島々を意味する「アルジェ」（Alger）に接尾辞「ia」がついたものでした。

ウガンダ／ルワンダ

この2国は、名前も場所もとても「類似」しています。さらに、どちらの国でも近年、民族対立に起因する痛ましい大虐殺が起きた、という点も「類似」していました。ただし、両国において、虐殺の「主語」が違うのです。主語というのは虐殺の主体者のこと。ウガンダの場合はアミン大統領という「個人」である一方、ルワンダは「一般人」。アミン大統領が恐怖政治を敷いたウガンダでは、30万人以上の国民が虐殺されました。ルワンダでは、少数派ツチ族と多数派フツ族の部族抗争から、50万人~100万人もの死者を数える大惨事が起きました。

もちろん悲しい歴史ばかりではありません。ウガンダは、エイズに対する国家的対策がアフリカで功を奏した国で、90年代初頭には約19％であったHIV感染率が、2002年には5％にまで減少。ルワンダは、今はもう虐殺があったとは信じられないほど、落ち着いた国になっているようです。元々、「千の丘が連なる国」「アフリカのスイス」と呼ばれるほど、景色の美しさで有名でした。畑は段々畑、道路も整備され、人々の気質も日本人に似ていると言われます。アフリカ、と言って、飢餓や貧困、病気などのネガティブイメージを持つのは、もう時代遅れと言ってよいと僕は思いました。

17.1

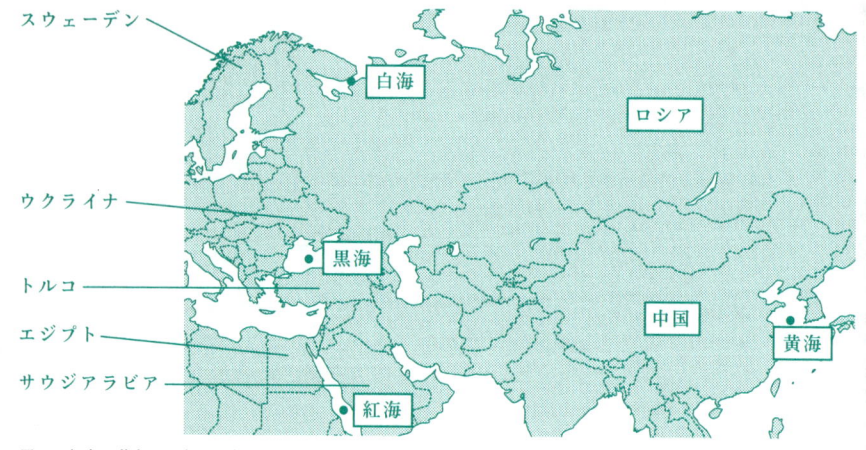

図B：紅海・黄海・黒海・白海の位置

　国以外にも目を向けましょうか。それは、ずっと紛らわしいな、と思っていた紅海、黄海、黒海、白海です。まず位置を（図B）。名前は「類似」しているのに、場所は全く「類似」していません。とんでもなく離れています。黄海は、黄河が運ぶ黄土で水が黄色く濁っているから。紅海は、そもそも目立った河川が流れ込まないため透明度が高い海で、名の由来は藍藻が繁殖して海水が赤く見える説や、ギリシア語の「エリュトゥラー海」の直訳とする説など諸説あります。黒海の名は、トルコ語の「カラデニス」（黒い海）からきていると言われますが、定説はありません。地中海がアクデニズ（白い海）と呼ばれたので、その対比で「黒い海」となったとの説もあります。名前のイメージとは異なり、リゾート地。2014年冬季オリンピックの開催都市であるソチも黒海に面しています。白海はロシア語が由来のようですが、よく分かりません。ただ、僕たちが地中海と呼んでいる海も、先述のように、トルコ語だと「白海」ですし、アラビア語でも「中央の白い海」の意味があるとのこと。印象だけから言えば、北極海に位置しているため、氷に覆われた白い海をイメージしたくなります。

　「差異」の中にはさらに、「大差」「微差」があり、それらに注目すると、似たもの同士のもう1つ別の面が浮上してきます。

17.2 「差異」をもっと知る

名前が紛らわしいものはいくらでもあります。あえて紛らわしいものを探すには、類語辞典を見るのが便利。「類似」が網羅されています。類語辞典から任意に抜き出した語彙それぞれの「差異」を僕なりに考えてみたいと思います。恐らく人によって「差異」の感触が変わってくるので、楽しい思考実験になるような気がします。

17.2.1 類語の「差異」を確認する

神父／牧師	神父はカトリックですが、牧師はプロテスタントです。恥ずかしながら、僕は区別できていませんでした。
大切／大事	どちらも、重要、かけがえのないもの、丁寧に扱う、という意味は同じですが、大切の「切」は切るではなく、切なる願いの「切」。大事の「事」は文字通り、事柄です。
キャッシング／ローン	どちらも借金ですが、ローンは貸付金を意味する英語。住宅ローンや自動車ローンと使いますね。ローンですから、担保が必要です。キャッシングは英語の現金化で、現金を借りる場合に使われます。無担保が多い。
倹約／質素	ともに節約と意味が近いものの、節約は無駄をなくすように努める行為です。質素は収入に対してなるべく支出を抑えるの意。
破格／別格	直感的には、破格の方が「すごい」と感じます。でも、今までのルールから逸脱していることに重点がある。別格は、あくまでルールの枠内で、なるべく上位に位置するよう取りはからうこと、がポイントです。
芸術／技術	これらは日本語では違う意味なのですが、英語ではどちらも「Art」。日本語がこの2つを区別するのは、なぜなのでしょう。しかも、芸術は高尚、技術は実用的かつ小手先といったニュアン

スまであって、どうも解せません。

17.2.2 自分なりに考える類語の「差異」

世界／社会　　コピーライターという仕事をしていながら、この2つを区別しません。何が異なるのか、はじめて考えました。

　世界はありとあらゆる全体である一方、社会とは関係性の全体ではないでしょうか。『世間とは何か』(阿部謹也) という名著があります。「世間が狭い」などと言うように、世間は人間関係に照準しているのです。社会とは、人間が織りなす世間（ネットワーク）なのだと思います。世界とは、特定の国や地域の広がりを軽々と超え、過去から未来まで、およそ生起する一切を包括的に捉える概念。それに対して、社会は、あくまで地域限定・期間限定の概念でしょう。

　よく、3人以上いれば、そこにはもう社会が出来ている、と言われますが、社会とは人間関係の全体。人間に限ったものではなく、虫にも社会があります。虫の世界と虫の社会、を対比すれば、世界と社会の「差異」を直感的に感じ取ることができると思うのです。

貧困／貧乏　　例文にしてみると差異が探れそうです。

　「私の家庭は貧困である」「私の家庭は貧乏である」

　あまり差異が際立ちません。貧困は経済的観点に立った定量的な言葉で、貧乏は周囲との落差を意識した、情緒的な表現ではないでしょうか。家庭ではなく、国に置き換えると分かりやすいかもしれません。

　「日本は貧困国ではない」けれど、「アフリカの×××は貧困である」

　少しわかりやすくなったでしょうか。貧困とは、どうあっても個人的に脱することのできない、経済的構造的な欠乏状態を指すように感じるのです。働く機会や勉強する機会が閉ざされていること、それが貧困なのです。

　では、貧乏とは何か。貧乏とは、僕が思うに、金のあるなしとは関係なく、他人をうらやむ、その意味で相対的で、比較の眼差

しが織り込まれた概念ではないでしょうか。

　あの家に比べて、うちは狭い。あの人のカバンと比べて、私のは安い。だから自分は貧乏である、という理屈です。

　僕たちが似たような言葉だと思っていても、それぞれの「差異」を考えると、尽きない疑問がわいてきます。考え始めると、頭の中をどこまでも歩ける。「知識／知恵」「文明／文化」「三井／三菱」「ニス／漆」…。最初の2つは人によって「差異」の捉え方が違ってきそうなもので、後ろ2つは僕が前からぼんやり興味があったものです。

17.3　生み出される「差異」

　意図的に生み出される（つくられる）「差異」があるようです。そんな気がしてきました。

　モノや企業を広告する仕事柄、あるモノと競合するモノの「差異」や、ある企業とその競合企業のイメージ上の「差異」をつきつめる機会が多いのです。ブランドや流行などは、まさに「差異」を軸に構成されるもの、に他なりません。日本人は細かな（トリヴィアルな）「差異」にとても敏感な民族です。その結果、日本人は、デザインも同じ、機能も同じだけれど、色や形にほんのささいな「差異」がある商品、つまり限定商品やプレミアム商品に大きな価値を感じやすい。ファッション誌や情報番組でプレミアム商品・限定商品は大きく取り上げられますし、すぐに売り切れたり、行列ができたりします。

　日本でヒット商品や流行を作り出そうと思ったら、「ほんの

少し、細部を変える」、つまりわずかな「差異」を生み出すのが早道です。メーカーは、生産ラインの99％をそのままに、1％いじるだけで、「流行遅れ」の商品を「最先端の流行」商品に書き換えることができる…。何とも奇妙なからくりです。

　流行を追う、とは「差異」を追いかけること。多くのブランドや商品・サービスが次々に生まれては消えますが、雑誌などは「差異」の解読書と考えられますね。

18 志向

井の中から出るために。

これまでは、国名や都市名が記載された地図ばかり見てきました。地図の中には、何も記されていない真っ白な地図があります。白地図です。国境や県境など、ボーダーだけが目に入る。何も記されていないので、一見しただけでは、本当に何も語りかけてくれません。

18.1　自分の「志向」との出会い

　図Aは日本の白地図です。ぼうっと見ていると、都道府県くらいは察しがつきそうです。政令指定都市の位置も大まかには分かります。何となしに僕は、手近にあったペンで、実際に訪れたことがある都道府県を塗りつぶしてみました（図B）。すると、思った以上に数が少ない。2003年、天皇陛下が47都道府県すべてをご訪問されたことがニュースになったように、全県踏破は思った以上に困難です。

　さらに塗りつぶした都道府県のうち、僕が積極的な動機をもって訪問したところにマークをつけてみました（図C）。仕事

図A：真っ白な日本

図B：著者が訪れたことのある都道府県

18.1

245

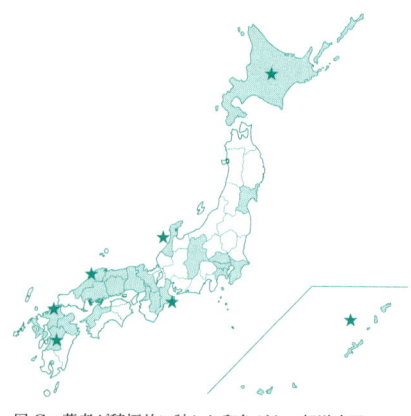

図C：著者が積極的に訪れた印象がある都道府県

などで仕方なく行ったところや、さして再訪を望まないところはそのままにしてあります。日本が3つに区分されます。白いままのところ、塗りつぶされたところ、塗りつぶされ、かつマークがついているところ。分けてみると、「どうしてここは塗りつぶしたのに、マークをつける気になれなかったのか」「どんな要因が僕にそうさせたのか」「この県に、こういうところが加わればマークしたくなるのに…」「逆に、この県の、こういう要素がなくなればマークしたくなるのに…」などと考えてしまいました。

　塗りつぶしやマークで浮かび上がってきたのは、紛れもなく僕の「志向」を表しています。白地図作業前には意識しなかった「志向」です。いわば無意識を意識化する作業です。これは思考法と呼べる。そこで、これを「志向」と名づけることにします。

18.1.1 「志向」から外れたエリアへ

　僕は、白地図を眺めながら、白いままになっている場所に旅行に出かけよう、と思ってしまいました。なんか、勿体ない。20歳そこらで、人生まだまだ時間はたっぷりある！というならともかく、卒業し社会に出ると旅行に時間を割くのは難しくなるもの。気づかないうちに歳を重ね、「あぁ、まだまだ行ってない地域がいっぱいある…」なんてことは避けたいと思うのです。しかも、日本海側がおしなべて白いままと気づいた。これからは、旅行先として日本海

側を選びます。その結果、先日出向いた島根県出雲に大いに魅了されるところとなったのです。

18.1.2 案外、降りたことがない場所は多い

今度は、都市の白地図を使ってみましょうか。東京の路線図です（図D）。都道府県の場合と同様、乗ったことのある路線をどこか調べ、さらにその中で再度乗ってみたい路線を想像してみます。

すると、一度も乗ったことがない路線が思った以上に多くて驚きました。僕たちは通い慣れた「経路」を使いがちなのですね。歳を重ねても未踏のままの路線があまり減りません。意識して使うしか方法はない（あるいは引っ越すか）。その結果、幸せな「経路」に出会う確率が少しは増えるかもしれません…。

鉄道つながりで、次は駅に対する「志向」を調べてみます（図E）。一度でも降りた経験があり、再度訪れてみたい、下車してみたい駅を頭の中でピックアップしてみます。結果、路線は使ってい

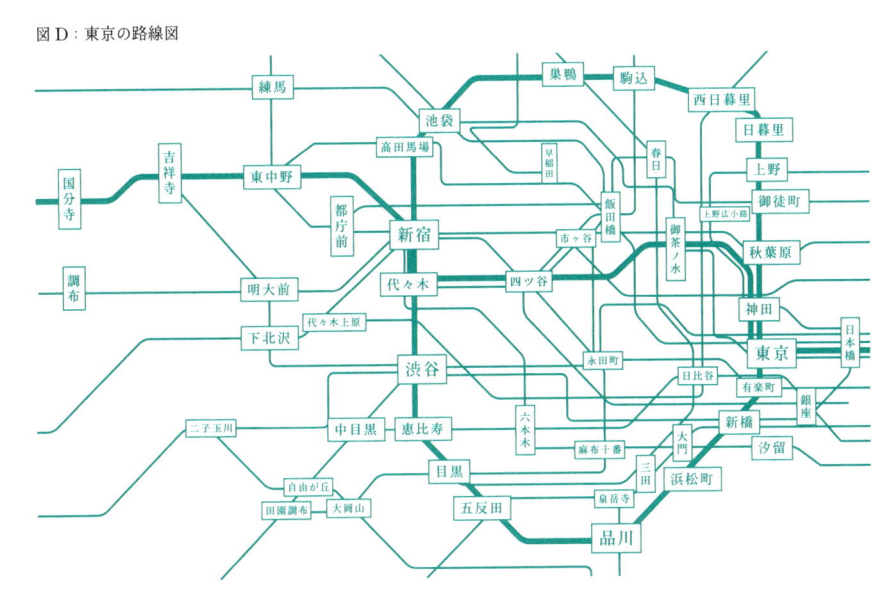

図D：東京の路線図

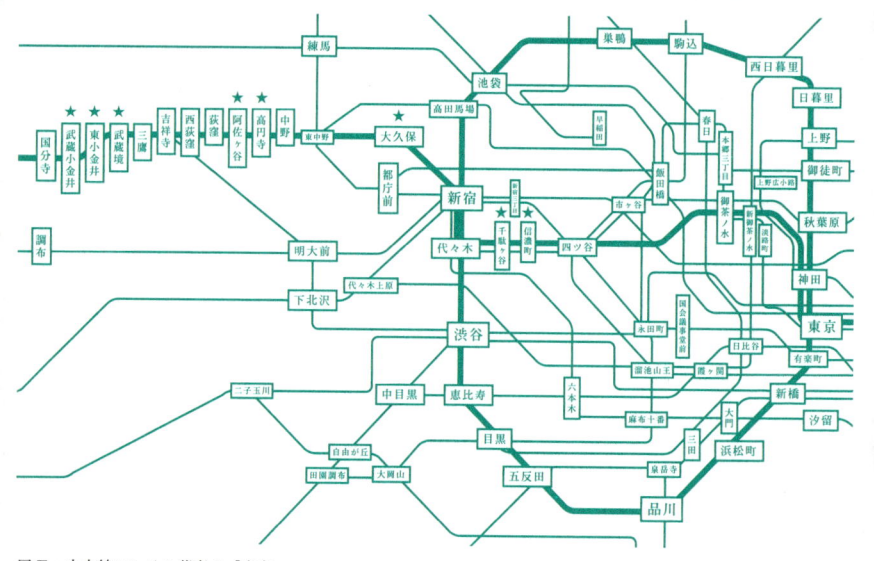

図E：中央線における著者の「志向」

　ても、その路線には一度も下車したことのない駅が圧倒的に多いのです。長らく中央線ユーザーでしたが、降りたことのない駅をチェックすると、信濃町、千駄ヶ谷、大久保、高円寺、阿佐ヶ谷、武蔵境、東小金井、武蔵小金井。こうして改めて図示しながら確認すると、カバー率は極めて低いのです。同じ路線上にあっても、駅々で降りてみると、そこに広がる風景や街の雰囲気は相当違います。そして、新鮮な発見があるものです。惜しい。勿体ない。またしても僕は、自分の「志向」の偏りに落胆してしまいました。

　さて、日本ばかりに気をとられて、世界を忘れていました。図Fは世界の白地図。訪れたことのある国は塗りつぶし、その中でもまた訪れたい国には☆マークをしてみます。国内にあってさえ、「志向」に偏りがありましたから、世界に舞台を移せばなおさらでしょう。自分の経験の偏り、それを駆動し規定する「志向」の（想定外の）貧困に直面することになりました。

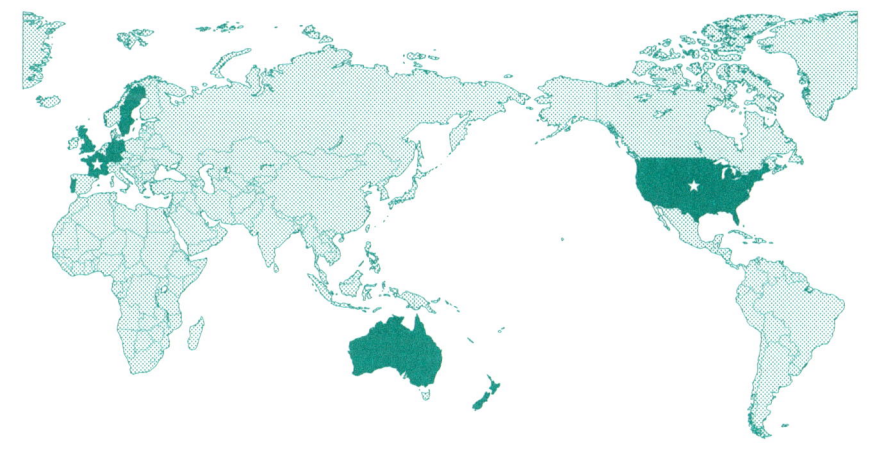

図F：世界地図上における著者の「志向」

18.2 地図・地理以外での「志向」

「志向」を他の分野に応用すると何が見えてくるのか、やはり試してみたくなりました。

18.2.1 「志向」=「嗜好」？

僕たち人間が共通して持っている「志向」と言えば、何でしょうか。権力志向、上昇志向、ブランド志向、本物志向など色んな言葉が浮かびます。「志向」とは、そもそも、考えや気持ちがある「方角」になびくという事態を指しています。とりわけ「欲」が向きやすい「方角」を示すものですね。言葉遊びのようですが、すると、「志向」は「嗜好」と変わりがない。権力を嗜好することは、権力志向そのものです。

好きな食べ物は何ですか、と訊かれても、パッと答えることができません。いつもそうなのです。何が好きだっけ？と自分で自分に訊き直してしまいます。ところが最近、デジタルの進化で、以前より自分の「志向」「嗜好」に気づきやすくなったように感じるので

す。僕にとっては大きな変化です。そう思ったのは、ネット通販で、「オススメ」を眺めたからです。本でも雑貨でも服でも、「オススメ」ばかりされています。興味深いのは、オススメを見てはじめて、自分にはこういう「志向」「嗜好」があったのか！と自覚するときです。

オススメに頼らぬ方法。（主体的な）「志向」「嗜好」の生かし方はないものか。僕が最初に思いついたのは、何かを「選ぶ」ときに、何を選んだかを意識すること。コンビニで歯ブラシを買う、ガムを買う、そんなときになるべく「あ、これを選ぶのが自分なんだ」と第三者的な視点を動員するのです。そうすれば、自分の「嗜好」が次第に明らかになってきます。特別に何かを求めて買う場合以外にも、しつこくその都度意識するのがコツです。

18.2.2 他人の「志向」「嗜好」を知る

では、次に、他人の「志向」「嗜好」を俎上に載せます。それが分かると、何が嬉しいか。

最も大きな収穫は、以前よりつきあいやすくなること。話題に困ったとき、初対面の人でも、その人物と同年代の人々の嗜好が分かれば何とか会話を続けられる。親しい相手であれば、なおさらです。

自分の「志向」「嗜好」でさえかなり意識化するのは困難です。まして他人であれば。

雑誌が手っ取り早いです。自分の「志向」「嗜好」と異なる雑誌にあえて触れておくのです。雑誌に親しむようになれば、異性の相手の持ち物に関心が向くようになりますし、自分と違う年代が欲している（と雑誌が考えている）話題やモノを知ることができるようになります。僕は月刊「文藝春秋」を毎月、（好きで）読んでいる

のですが、おかげで、年長者と会話するときでも、話題に窮することはありません。全く手にとったことのない雑誌ほど、「なるほど、こういうものか。この世代が好きなものかこれか、これが志向のトレンドなのか」と分かってくるのです。

18.3 今この時代の「志向」「嗜好」

最後に、「志向」「嗜好」に関する、今この時代が向かっている風潮にコメントしておきましょう。

18.3.1 所有する「志向」「嗜好」の変化

「スケール」の章で「所有」の「スケール」に触れたことを思い出していただけるでしょうか。今、僕たちは、昔に比べて、より多くのモノを所有したい、と考えるようになっている。増大する所有欲とは、多くのモノを所有する「志向」「嗜好」が増進していると言い換えられる。資本主義社会においては、食料から始まって、衣服、家電、車、家、土地、お金、会社（生産手段）…、何であれより多く所有する人 が "豊かな人" "豊かな生活を送っている人" であるとされてきました。近代以降、珍しいことながら、現在の世の中では、「より所有しない時代」に向かっていると感じるのです。つまり、モノを所有する「志向」「嗜好」が弱まってきている。というのも、モノが売れないだけでなく、欲しいモノがない、とよく耳にするように思うからです。例えば最近は、自分の蔵書をデジタル化するのが流行っていると聞きます。すべて、モノを「所有しな

い」方向に動いているのではないか、享受するにしても、モノを持つ・抱えるよりも、共有する・クラウド化する・圧縮する、という「志向」が際立っているように思えるのです。以下、僕なりに気づいた観察をまとめます。

- 持ち家より、賃貸に住み続けている人も依然多い。
- マイカーを持たず、レンタカーやタクシーを利用。カーシェアリングの流行。
- 携帯端末で電子書籍をダウンロードする。
- 音楽CDを買わず、ダウンロードで済ませる。CDのうち一部の楽曲のみを買う。
- 冠婚葬祭用の礼服やブランド品のバッグさえレンタルする。
- スーツケースなど旅行用品も買わずにレンタル。
- クラウドサービスの多用。
- 派遣労働者の急増。

そもそも「なぜ所有する必要があるのか」「所有することの合理性は何か」。所有によって「専有による常時使用可能性」でしょう。けれど、情報がデジタル化されれば、ネット上にあればそれで足りるのです。デジタル化されないものも、「レンタル」という仕組みさえできれば所有する必要はありません。

そう考え、今、自分の身の回りにあるものをざっと見回してみると、「どうしても自分で所有したい」と思うモノは思った以上に少ないのです。所有から解放されつつある、とも言えるのでしょう。

テレビもパソコンもレンタルでいいですし、ソファや机やベッドも引越のたびに運ぶより、レンタルで揃えておいて、引越時には新しい部屋に合うサイズや雰囲気のものに変える方が合理的かもしれません。そうなれば所有するものは、ごくごく身近な日用品（最低限の食器、下着、普段着、布団）や、衛生上他人と共有したくないもの、非常に消耗が早いものに限定されることになる。

「所有する」ことは、そもそも、コストが高く、リスクも大きいのだと思います。購入にかかる費用は言うまでもないとして、都会では保管スペースを確保する費用（これがつまり家賃）だけでも高

くつきますし、火事や盗難で消失するリスクもあります。映像を撮りためたビデオテープも、メディアの世代交代がおこると観賞さえできなくなります。大半のモノは、長く所有していると、ホコリがたまったりメンテナンスが必要になるし、今では家具も家電も捨てるだけでお金がかかります。さらに、多くの家具や家電はまだまだ使える段階で（リサイクルされずに）廃棄処分される（させられる）ので、エコの観点から言えば非効率。

　所有は、すごく不便で、原始的で、無駄の多い「使用価値の確保手段」なのです。結局のところ、消費者としては「いつでもどこでも使える」価値さえ確保できれば、所有しなくてもよい。所有よりも合理的な、使用価値を確保する方法が普及すれば、その方が好ましい。このことが、今、所有に対する「志向」「嗜好」が小さくなっている理由ではないか、と僕は考えました。

　所有に代わり、できる限りのモノをデジタル化／クラウド化／レンタル化する「志向」「嗜好」が大きくなっている。

　ただ、所有の「志向」「嗜好」が無化されることはありません。「実用性に駆られた所有ではなく、趣味として所有する志向や嗜好」が、これからは所有の主要目的になるのではないかと思います。いわゆるコレクターです。「自分にとっては、使用価値じゃなくて、所有価値にこそ意味がある」という人が一定数存在している、存在し続けるに違いありません。

18.3.1

19　限定

1つに絞って楽しむ。

最終章となりました。最後に僕は、ただ単純に地図・地理を楽しんでみようと思います。

19.1　目的なく世界地図を見る

　世界地図をぼんやり眺めることにしました（図A）。見ているだけで僕はとても気分がよくなります。皆さんは楽しめるでしょうか。中には、「どうもなあ、そんなこと言われても…」という方もいらっしゃるはず。今僕の頭の中にある楽しい気分をご紹介しましょう。

　まず僕は「海のない国」を中心に、図Bを眺めました。海がないのはモンゴル、ブータン、ニジェール、ザンビア、スイス、アフガニスタン、ボリビア…。逆に海に囲まれているつまり「島国」を中心に見てみると、イギリス、日本、トンガ、キューバ、スリランカ、ニュージーランド…。「類似」や「宗教」といった思考法を携えて眺めるのとはまた違った国々が浮かび上がってきます。

　中でも、島国であり、かつ、共産主義国であるキューバをとても興味深く感じました。せっかくなので、共産主義国を図Cから切

図A：ただの世界地図

図 B：海のない国々

図 C：共産主義国

り出してみます。中国、北朝鮮、ベトナム、ラオス、キューバが共産主義国と呼ばれています（厳密さはここでは求めない）。やはり、キューバだけが島国で、（キューバに行かれた方はご存知のように）共産主義国とは思えないほど明るく、ラテン的な匂いに満ちていて、たいへん特徴的。むしろ例外。キューバ以外の共産主義国が、旧ソ連を思い出させる、どこか暗くて寒い国というイメージを、キューバは見事に裏切ってくれます。島国という地理的要因が関係し

ているに違いない、と僕は思うのです。島国と聞いただけで、僕たちはどこか南国の風景や海を想像してしまいます。その連想を一層強化するのがキューバなのです。

19.2 「限定」で楽しめる

世界地図堪能の理由を考えてみるに、「海のない国」「島国」「共産主義国」などと眺める対象を限定したからだと気づきます。なんらかの「限定」を施した上で「類似」を発見したり、「ストーリー」を見つけようとしていた訳です。最後の思考法として、「限定」と名づけてみたいと思います。「限定」は、人によって大いに異なりますし、何に「限定」するかで各人の個性が現れてくる。ユニークな「限定」は、そこから得られる発見も個性的でしょうし、マニアックな「限定」は極めつけの悦楽と発見が得られるはずです。

19.2.1 日本国内を「限定」で楽しむ

日本地図だって同様に楽しめます。47都道府県にどんな「限定」を施せば楽しめるか。面白さが引き出せる「限定」を想像してみますか。

海を持たない県、面積の多寡、平均寿命の長短…。色々浮かんできます。手始めに「海を持たない」に「限定」して47都道府県を見ると…。岐阜県、群馬県、埼玉県、滋賀県、栃木県、長野県、奈良県、山梨県、これらが海に面していない県です。47のうち、わずか8つ。日本は海に囲まれた島国、海を持たない県は実際に少数です（図D）。

では、これら各県の「類似」している点は何でしょう。僕は、どこか重苦しい印象を受けました。これはほとんど偏見です。海がないと、閉鎖的なイメージを抱く、まことに平凡な連想です。

ただ、滋賀県は琵琶湖のイメージが大きいため、海と接していないことに意外の感を持ちました。しかも、福井県や石川県、京都府の存在を忘れてしまうと、うっかり滋賀県は海に接している、と思いかねない。イメージなるものの巨大な平準化作用です。

図D：海に面していない県

19.2.2　日本一「限定」の日本

日本一、という「限定」を試してみます。世界一でもある日本一や、国内でもしのぎを削る日本一もありそうです。47都道府県それぞれが誇る、多様な日本一を漏らさず挙げるのは不可能。ちょっと変わった日本一や、僕が興味を持った日本一をご紹介したいと思います。

北から参りましょう。

青森県　　　リンゴ生産量が日本一。早寝早起きも実は日本一。青森県は平均起床時間が6:22、平均就寝時間が22:32なのです。朝型タイプが非常に多い県ですね。リンゴ以外では、青函トンネル。これは世界一長い「海底」鉄道トンネルで53.85km。ちなみに世界一長い「陸上」鉄道トンネルは34.6kmのレッチュベルクベーストンネル（スイス）です。

秋田県　　　日照時間が日本一少ないのが秋田県。これは、秋田に美人が多い

大きな要因らしいのです。人口あたりの美容院数が日本一。ちょっと意外ではありませんか。秋田県が自慢してよいのは、文部科学省実施の全国学力テストの平均点が47都道府県中1位であること。つまり、秋田県が学力日本一。

茨城県	とてつもない日本一がこの県に存在していました。それは、大仏。茨城県牛久市の牛久大仏は、その高さ、何と120m。ブロンズ製の立像としてはギネス公認の日本一かつ世界一です。自由の女神（約40m）の3倍、奈良の大仏なんて手の平に乗ってしまうほど巨大な「スケール」です。

埼玉県	埼玉県は日本一だらけだったのです。市の数、快晴日数、アイスクリームの出荷額…。さらに埼玉県熊谷市は、気象に関する日本一が2つも。日本一巨大で、世界一巨大なヒョウ（直径およそ30cm、重さ3.4kg）を1917年に観測、2007年には日本一の最高気温40.9℃をマークしました。

愛知県	名古屋に行かれた方はご存知の通り、とんでもなく巨大な名古屋駅ビル。JRセントラルタワーズと言いますが、あのビル、何と駅ビルとしては日本一はおろか世界一でした。ビルの高さは245m、延べ床面積約41万7,000km^2。県全体としては寺の数が日本一多い。京都でも奈良でもないのです。ちなみに「2位」は何と大阪府。イメージと実際がこれほど違うとは。ちなみに、日本一、神社が多いのは新潟県です。これも意外ですね。

三重県	三重県の県庁所在地は、津です。この名前、実は日本一はもちろん世界一。何がと言えば、発音の短さ。英語では「Tsu」、ギネスブックには「z」（つ）で登録されています。

兵庫県	神戸市には、日本一短い国道174号線があり、わずか187.1m。神戸港と国道2号線を結ぶ道路で、歩いても2分くらいしかかかりません。もう1つ、日本一かつ世界一なのが明石海峡大橋。つり橋としては世界一長いつり橋です。

和歌山県	梅とみかんが思い浮かびますが、梅の収穫量が断トツの日本一。みかんも愛媛県を抜いて生産量が日本一。その他、那智勝浦町にある那智の滝は滝つぼの深さが10mで日本一の落差を誇ります。

変わった日本一は、日本一遠くから富士山が見えるスポットがあること。熊野参詣道の西に位置する色川富士見峠からは名前通り、323kmも離れた富士山が見られます。

鳥取県　　　日本一人口の少ない県です。また、あくまで僕の主観ですが、日本一危険な国宝があります。それは、東伯郡にある三佛寺の投入堂（三佛寺の奥院）。険しい山道を登った先の、断崖絶壁のくぼみに建てられている特異なお堂です。

徳島県　　　面白い日本一がありました。徳島市にある弁天山。自然の山としては日本一低い山で、標高がたった6.1m。それにちなんで毎年6月1日に山開きが行われます。

香川県　　　日本一面積の小さな県であり、日本一のうどんの名産地。オリーブも日本一です。「二十四の瞳」で有名な小豆島は日本唯一のオリーブの産地で、国産のオリーブオイルは小豆島でつくられています。つまり香川県は、日本一オリーブとオリーブオイルの生産量が多いのです。うどんだけ、と早合点してはいけません。

高知県　　　坂本龍馬、太平洋、と海のイメージが強い高知県ですが、高知県は実は森林の面積率が84％で日本一。もちろん、カツオの消費量も日本一。高知県はその県土のほとんどが森林で覆われている県なのです。

愛媛県　　　みかんや温泉が思い浮かびますが、みかんの生産量日本一は和歌山県でした。2003年までは愛媛県が日本一だったのですが、2004年から和歌山県に明け渡してしまったのです。ただ、いよかんは「伊予」（愛媛の旧国名）の名前の通り、生産量日本一です。松山市にある道後温泉は日本一古い温泉で、周辺の地層からは縄文時代の土器も出土しています。

福岡県　　　博多の街へ行かれたことがある方は、すんなり納得がいくと思いますが、屋台の数が日本一多いのが福岡です。福岡市にはおよそ170軒の屋台があり、全国の屋台のおよそ4割もが集中していることになります。福岡県は鶏肉消費量が日本一多い。焼き鳥屋や水炊き料理屋の多さからもうなずけます。また、福津市にある宮地嶽神社のしめ縄が日本一巨大で、この神社の大太鼓、大鈴も

	日本一の大きさなのです。
熊本県	熊本以外の方はあまり知らないと思いますが、熊本市は日本一の地下水都市、いや世界一の地下水都市。全国の50万人以上の都市の中で、水道水源を100％地下水でまかなっているのは熊本市だけと言われています。
沖縄県	有名な日本一は、美(ちゅ)ら海(うみ)水族館の水槽の大きさですが、納得なのが、もずく。もずくは全国の99％のシェアを占めており、ほぼ全て沖縄県で採れていることになります。意外なのは温泉。日本一、温泉が少ない一方、日本一南にある温泉・西表島(いりおもて)温泉があります。

以上、非常に盛りだくさんの「日本一」、ずいぶんバリエーションが豊富で眩暈(めまい)がしてきます。こうして「限定」すると、つまりは「しばり」をかけると、47都道府県はいつもと全く別の顔を見せてくれるのでした。

19.2.3 もう一度、世界地図へ

「赤道直下」に「限定」すると、世界地図からはザイール、ケニア、インドネシア、コロンビア、エクアドルが浮かび上がってきますし、「国土の細長さ」に「限定」すると、チリ、アルゼンチン、ノルウェーが浮かび上がってきます。

余談ですが、チリの国土の細長さには地理的・軍事的な理由があります。地理的理由は東のアンデス山脈、西の太平洋に囲まれているため東西に発展する余地がなかったこと、軍事理由は資源を求めてペルー、ボリビアと戦争を始めたことや、南部の先住民を制服したことです。このような経緯で細長い国となったチリは、その領土的野心が今に引き継がれているのか、南極大陸にも領有権を主張し続けています。

19.3 「限定」は「ストーリー」を助ける

「限定」という思考法は、何かを発見するため、というより、目的もなく何かと向き合うことをただ楽しむ際のものです。地図に限りません。「ストーリー」づくりにも有効なのです。というのも、話（特にスピーチなど）をするとき、テーマやジャンルを「限定」すると、とても話がしやすくなります。世界地図上での「ストーリー」を「限定」からつくってみます。

図Eはイラクを示しています。イラクがどこにあるか伝える際に、「限定」を使ってみるのです。まず位置に「限定」してみると、イラクはインドの西方、北緯30°東経45°にあります。またイラクの南端はおよそ屋久島や種子島付近の緯度、北端は猪苗代湖辺りの緯度です。「スケール」に「限定」してみると、イラクは国土面積が日本のおよそ1.2倍、数字を使わなければ日本全土＋東北の大きさで、中東の中だとサウジアラビア、イランに次いで大きな国と説明できます。

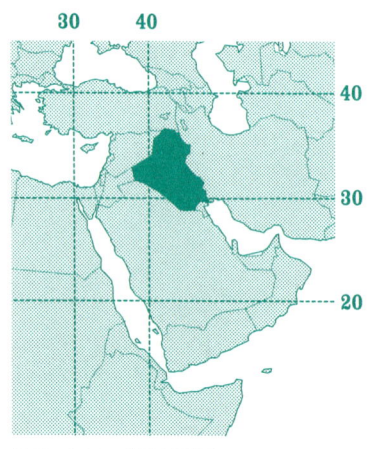

図E：イラクの位置を限定するには

「限定」を使うと、「ストーリー」や説明にブレが少なくなります。「ストーリー」はつい脱線してしまいがち。「限定」をあらかじめ意識しておけば、脱線防止になるし、軌道修正が簡単になります。結婚式のスピーチでも有効ですよ。新郎の趣味が自転車だとすると、自転車に「限定」して話を組み立て、ついで新郎の性格や仕事、新婦への思いなどを語る、というように。

to be continued…

あとがき

　まえがきで、地図や地理は向こうから何も語ってくれない、と書きました。その思いは今も変わっていませんが、こちらから働きかけてみると、地図は実に多くの知識や発見を与えてくれました。しかも、今まで僕が何となく頭の中で使っていた考え方を整理してくれたし、時には新たな思考法に気づかせてくれる。思考実験を行おうという意欲をかき立ててくれる。

　この数年あまり、僕がずっと考えていたことがあります。もっと自然に、リラックスしながらアイデアを考えたり、アイデアを生むための方法論に出会えないか、と。

　今までは仕事をする過程で、ただがむしゃらに何かを考え出そうとしたり、方法論を整理しようとしていました。我流の方法論を編み出すにはどうすればいいか、唸っていました。けれど、その前に、もっと自分の頭の中を知ることが大切だったのです。新しいものをインストールするにも、現状のものをアップデートするにも、散らかったままだと時間がかかってしまいます。自分の頭の中は自分の部屋やデスクの上と同じように、時折きちんと整理整頓をしておかないと雑然としたままなのです。

　整理整頓はつい後回しにして、次から次に目新しいものを買い足してはまた、部屋やデスクの上にモノが溢れるように、頭の中も日々、他人や世の中から発信される情報で溢れかえります。そんなとき、頭の中を一度、キレイにするチャンスをくれたのが地図・地理でした。地図・地理をテキストとして使いながら、すでに手に入れた知識、ま

だ頭に入っていない知識を、頭にある引き出しのどこかに入れていく。思考法や、見えていないものが見えてくる道具や武器を手にしていく。地図・地理を見て、眺めて、向き合って、味わって、知って、考える。(本書の構想に着手してから)半年後には、このサイクルが定着しました。地図・地理は学校の科目で言えば、国語ほど曖昧でなく、数学ほど難解ではない。だからこそ、気持ちよくエクササイズが続けられたのだと思います。

　皆さんと一緒に色んな地図を眺め、眺め直しました。色んな地理から学びました。快適に地図・地理上と頭の中を歩くことができました。とても面白く楽しい時間でした。地図・地理がこんなにも豊かであることにどうして早く気づかなかったのか。

　読んでいただいた皆さんは、一ヶ所にとどまらず、他の分野に踏み出し、あっちこっち非系列的な読みばかりしている僕の歩みに、そして、どこへ飛んでいくか分からない、その脱線感覚や思考実験に、大いに戸惑われたことと思います。最後まで読んでいただき本当に感謝しています。

　なお、本書は学術書ではないため、その多くが「耳学問」によって成り立っています。僕が仕事場で目にした資料や耳にした会話、うわさ話、酒の席での与太話、いろんな場所で吸収した情報(雑学)を基に執筆しました。仕事やプライベートな場で出会って含蓄あるお話をしていただいた多くの皆さま、ありがとうございました。(忘れてし

まっている場合も多く…）個々にお名前を挙げることはできませんが、心から感謝しています。

　巻末には（上記の事情もあり、メモのあるものに限り、また、思い出せる限りで）着想の元となった資料や、参考にしたり引用したりした文献の数々、地図帳の類を感謝の念を込めて記載しました。頭の中を歩いたり、走っている最中にメモを忘れてしまったものがあるはずです。あらかじめお詫びします。追って、版元のウェブサイト等に増補していこうと思っています。日常的に目にする各種報道も参考にさせていただきました。

　参考文献・参考図版の記載が網羅性を欠いていること、申し訳なく感じています。また、専門家の方々から見れば、記述が甘い部分や正確でない部分もあると思います。あくまで僕が、地図・地理を題材として、発想のエクササイズを行った過程の産物であり中間報告であることに免じて、ご寛恕いただき、叶うものならば、ご批判・ご叱正をお待ちしたいと思います。

　最後に、数年間にもわたった執筆期間中、遅筆な僕を温かく見守ってくださった朝日出版社の赤井茂樹さんにお礼を申し上げます。最終段階では、編集部の皆さん総動員で、細部に渡って確認作業をお願いしました。前著『トレインイロ』と違い、今回の本は脱稿までかなりの時間を要しましたが、何より、一度書き終わってからの方が、長く苦しかったように思います。海図も予定もないままの、ジャンルも明

確でない本になりましたから、推敲に時間がかかりました。時折、不安にもなりましたが、赤井さんが「大丈夫。ヘンだけど魅力的。」と感想を寄せてくれたおかげで、乗り切ることができました。

　複雑で数の多い図版に関してサポートいただいた編集部の鈴木久仁子さん、今枝宏光さんにも、格別のお礼を申し上げます。お二人には、文字通り、僕が「世話をしていただいた」のでした。いつもメールで僕への心温まる励ましをいただきました。

　装幀やレイアウト、そして、本書の大きな魅力となった、本文中の数多くの図版を担当してくれた同僚の川辺圭くんにもお世話になりました。彼は終盤にさしかかってから、連日徹夜・休日返上で本書完成のために奔走してくれました。奔走と言うより、格闘あるいは戦闘と言ってもいいかもしれません。おかげで、素敵なカバーや本文ができました。ありがとう。

　さらには、本文の修正に加え、図版の直しやページ構成の変更が出るたびに、皆が驚くほどのスピードと温かい配慮をもってデータの修正にあたってくださった中村大吾さん、ありがとうございました。すべての局面で、常に的確なサポートをいただきました。

　ひとりでは決して歩けなかった頭の中を今度は徹底的に踏破すべく（できればスタッフの皆さんも一緒に）「脳内散歩」に再挑戦できる日がまた来ることを願いながら。

2012年7月

下東　史明

[参考文献・参考図版]

0. 全般にわたって
『新詳高等地図』帝国書院、2009 年
『標準高等地図』帝国書院、2011 年
『世界地理 B』帝国書院、2011 年
外務省「各国地域情勢」http://www.mofa.go.jp
『広辞苑 第六版』岩波書店、2008 年
『日本大百科全書』小学館、1994 年
『現代用語の基礎知識 2012 年版』自由国民社、2011 年
博報堂生活総研『生活新聞』2002 年~2006 年
博報堂「博報堂マーケティングレシピ」2005 年
博報堂「博報堂ビジネスチャンスレポート」2007 年
博報堂「博報堂ちえ門」2010~2012 年
博報堂「博報堂 R&D フォーラム」2004~2005 年
博報堂「博報堂 R&D ツール」2001~2012 年

1. 凝視
1-B 地震動予測地図：地震調査研究推進本部「全国地震動予測地図 地図編 2010 年版」
「歴史の散歩道」http://mononofu.sakura.ne.jp/
1-E 地球の夜景：Data courtesy Marc Imhoff of NASA GSFC and Christopher Elvidge of NOAA NGDC. Image by Craig Mayhew and Robert Simmon, NASA GSFC.

2. 立場
内田樹「天才バガボンド」（内田樹の研究室）http://blog.tatsuru.com/2008/06/30_1113.php
佐藤幹夫『村上春樹の隣には三島由紀夫がいつもいる』PHP 新書、2006 年
佐々木俊尚『キュレーションの時代』ちくま新書、2011 年

3. 方角
「方位地図ライブラリー」http://www.kumokiri.net/map/library.html
手塚貞治『戦略フレームワークの思考法』日本実業出版社、2008 年

4. 争点
「世界情勢」探究会『世界紛争地図』角川 SSC 新書、2010 年
21 世紀研究会『新・民族の世界地図』文春新書、2006 年
池上彰『知らないと恥をかく世界の大問題』角川 SSC 新書、2009 年
W・チャン・キム、レネ・モボルニュ『ブルー・オーシャン戦略』ランダムハウス講談社、2005 年
博報堂生活総研『月万元戸―生活新聞』2006 年

5. 宗教
5-A 世界の主な宗教分布：開発教育教材制作委員会「開発教育・国際理解教育ハンドブック」国際協力推進協会、2001年
5-B 世界各国の宗教：電通総研、日本リサーチセンター『世界60カ国』同友館、2004年
藤原聖子『世界の教科書でよむ〈宗教〉』ちくまプリマー新書、2011年
松尾剛次『葬式仏教の誕生』平凡社新書、2011年
ひろさちや『仏教と儒教』新潮選書、1999年
堀内一史『アメリカと宗教』中公新書、2010年
山本七平『「空気」の研究』文春文庫、1983年
鴻上尚史『「空気」と「世間」』講談社現代新書、2009年

6. ルーツ
21世紀研究会『食の世界地図』文春新書、2004年
大崎裕史『日本ラーメン秘史』日本経済新聞出版社、2011年
武光誠『地名から歴史を読む方法』河出書房新社、1999年
谷川健一『日本の地名』岩波新書、1997年
21世紀研究会『地名の世界地図』文春新書、2000年
祖父江孝男『県民性の人間学』新潮社、2000年

7. ストーリー
高橋和夫『アラブとイスラエル』講談社現代新書、1992年
上田和夫『ユダヤ人』講談社現代新書、1986年
中村廣治郎『イスラム教入門』岩波新書、1998年
山田ズーニー『おとなの小論文教室。』河出文庫、2006年

8. 2位
「なんでもランキング」http://www.hyou.net/
岡崎大吾『日本は世界で第何位？』新潮新書、2007年
加瀬清志、畑田国男『雑学・日本なんでも三大ランキング』講談社プラスアルファ文庫、1997年
アル・ライズ、ジャック・トラウト『ポジショニング戦略 新版』海と月社、2008年

9. スケール
ロビン・ダンバー『友達の数は何人？』インターシフト、2011年
『会社四季報』東洋経済新報社、2011年
『TDR REPORT 業界動向』帝国データバンク、2012年2月号
レイチェル・ボッツマン『シェア』NHK出版、2010年
三浦展『第四の消費』朝日新書、2012年

10. 距離
10-G 世界の言語（語族）分布：『新詳高等地図』帝国書院、2009年
国立天文台『理科年表 平成24年』丸善、2011年
渋谷昌三『人と人との快適距離』NHKブックス、1990年
エドワード・ホール『かくれた次元』みすず書房、2000年
博報堂生活総研『エルダーとブランド―生活新聞』2002年
博報堂『博報堂R&Dツール―国内外のメディア戦略策定手法』2000年

12. 目印
榎本博明『記憶の整理術』PHP新書、2011年
博報堂生活総研『生活予報』2006年

13. 交差点
沢泉重一『偶然からモノを見つけだす能力』角川書店、2002年

15. 整列
15-A 東京都港区の街並み：© MIXA CO.,LTD. / amanaimages
15-C 各国の人口順と国土面積順を同じにした世界地図：So I wondered, what if the largest countries had the biggest populations? http://i.imgur.com/c6Agr.jpg より改変
「つり通信／基礎テクニック講座」「山立て」http://niftsuri.cocolog-nifty.com/boat/2009/10/post-7e5f.html
博報堂生活総研『テーマ調査 2003年モノの意味辞典―monom』2003年

16. 類似
「旗の歴史・由来の資料室」http://tospa-flags.com/index.html
博報堂生活総研『その後の3:5:1家族―生活新聞』2005年

17. 差異
澤村良二「黒海は黒いか」『オリーブ』三陸書房、2006年8月号
辻原康夫『おもしろくてためになる世界地名雑学事典』日本実業出版社、1999年
世界博学倶楽部『「世界地理」なるほど雑学辞典』PHP文庫、1999年

18. 志向
レイチェル・ボッツマン『シェア』NHK出版、2010年
クリス・アンダーソン『フリー』NHK出版、2009年
リサ・ガンスキー『メッシュ』徳間書店、2011年
博報堂『博報堂R&Dツール―生活シーンビジュアル分析』2001年

著者紹介

下東 史明（しもひがし・ふみあき）

(株)博報堂第一クリエイティブ局コピーライター。明治大学・非常勤講師。東京コピーライターズクラブ会員。1981年京都府生まれ。2004年、東京大学法学部卒業後、(株)博報堂入社。主な仕事に、アサヒMINTIA「俺は持ってる。」、マンツーマン英会話GABA「ハイ、そこでGABA」、アサヒ一本満足バー「マンマン満足」、イエローハット・テレビCM、サントリー胡麻麦茶「高橋克美さん」キャンペーン、逆流性食道炎啓発「食道捜査官・筧利夫」。主な受賞暦に、TCC新人賞、TCC審査委員長賞、TCCファイナリスト、カンヌ広告祭・U28日本代表選出、日経広告賞、JR東日本ポスターグランプリ金賞など。著書に『トレインイロ』(朝日出版社)がある。

あたまの地図帳　地図上の発想トレーニング19題
2012年7月25日　初版第1刷発行

著者　下東史明
アートディレクション／デザイン　川辺圭
DTP　中村大吾（éditions azert）
編集担当　赤井茂樹

発行者　原　雅久
発行所　株式会社朝日出版社
〒101-0065 東京都千代田区西神田3-3-5
TEL. 03-3263-3321 / FAX. 03-5226-9599
http://www.asahipress.com
印刷・製本　凸版印刷株式会社

ISBN978-4-255-00667-3 C0095
© Fumiaki SHIMOHIGASHI 2012 Printed in Japan

乱丁・落丁の本がございましたら小社宛にお送りください。送料小社負担でお取り替えいたします。
本書の全部または一部を無断で複写複製(コピー)することは、著作権法上での例外を除き、禁じられています。

[朝日出版社の本]

トレインイロ ／ 下東 史明

鉄道のカラダは、こんなにもイロかった。

日本全国の鉄道から選りすぐりの車両デザインを凝縮して閉じ込めました。函館市電8100／小田急50000／のと鉄道NT200／真岡鉄道モオカ14／阪神8000……全ページフルカラーで、気になるあの車両を美しく再現。個々に付されたオリジナルのコピーが「鉄ゴコロ」をくすぐる、コトバとデザインでくりひろげる新しい「トレインの世界」。

定価：本体1,500円＋税

サイコパスを探せ！ ／ ジョン・ロンソン
　　「狂気」をめぐる冒険　　　　　　　　（古川奈々子＝訳）

企業や政界のトップには、
「人格異常者（サイコパス）」がたくさんいる!?

「他人への同情」や「良心の呵責」を持たないサイコパス。彼らは、幸いにして犯罪者にならなかった場合、表面的な社交性を駆使して社会のトップに上り詰めるという。本当なのか？──超・心配性のジャーナリストが、ハイチ「死の部隊」の創設者や、元英国諜報部の英雄といった「奇妙な」人々に突撃取材！　抱腹絶倒の、そして考えさせられるノンフィクション！

定価：本体1,600円＋税